# PASCAL JOUSSELIN
# UNSCHLAGBAR

**1. Gerechtigkeit und frisches Gemüse**

Farben:
Laurence Croix

CARLSEN COMICS

Für Joseph, Émile und Octave

**CARLSEN COMICS NEWS**
**Jeden Monat neu per E-Mail!**
www.carlsencomics.de
www.carlsen.de

Carlsen-Bücher gibt es überall im Buchhandel
und auf carlsen.de.

Wir behalten uns die Nutzung unserer Inhalte für Text- und
Data-Mining im Sinne von § 44b UrhG ausdrücklich vor.

CARLSEN COMICS
UNSCHLAGBAR-Schuber
1: Gerechtigkeit und frisches Gemüse
© 2024 Carlsen Verlag GmbH, Völckersstraße 14–20, 22765 Hamburg
Aus dem Französischen von Marcel Le Comte
IMBATTABLE – JUSTICE ET LÉGUMES FRAIS
Copyright © DUPUIS, PASCAL JOUSSELIN 2017
www.dupuis.com
All rights reserved
Redaktion: Klaus Schikowski
Redaktion Schuber: Sten Fink
Gestaltung Schuber: Thomas Gilke
Alle deutschen Rechte vorbehalten
ISBN 978-3-551-80486-0

ZITTERT, GANOVEN, HIER KOMMT
UNSCHLAGBAR
DER EINZIG WAHRE SUPERHELD DES COMICS
?!
UPS, EINE VERDRECKTE SACKGASSE.
SCHNELL, DREHEN WIR UM, BEVOR...
?!
GIB MIR DEINE KOHLE, MÄDEL!
JEPP! HARR, HARR!
UNSCHLAGBAR EILT ZU HILFE!
?!!
LASS DIESE WITWE UND DEN WAISEN IN RUHE, JUNGER RECHTSBRECHER!
SONST WAS, DU CAPE-FUZZI?! ICH HAB 'NE FLASHBALL-WUMME, HAHAHA!
EBEN DRUM.
PONK
ABER WAS ZUM...?!
WOHER KAM DIESER...?
???
ICH KAPIER GAR NICHTS MEHR.
DAS IST NUR DIE UNGLAUBLICHE MAGIE DES COMICS, GUTE FRAU.
???
ENTSCHULDIGEN SIE MICH KURZ.
HEPP.
POW POW
DIE MAGIE DES COMICS ??
AUCH GUT.
UND HEPP.
WIE DEM AUCH SEI, DU HAST UNS GERETTET, ALSO... DANKE, UNSCHLAGBAR! UND DANKE, MAGIE DES COMICS!
ABER GERN.
01
JOUSSELIN –
FARBEN: CROIX

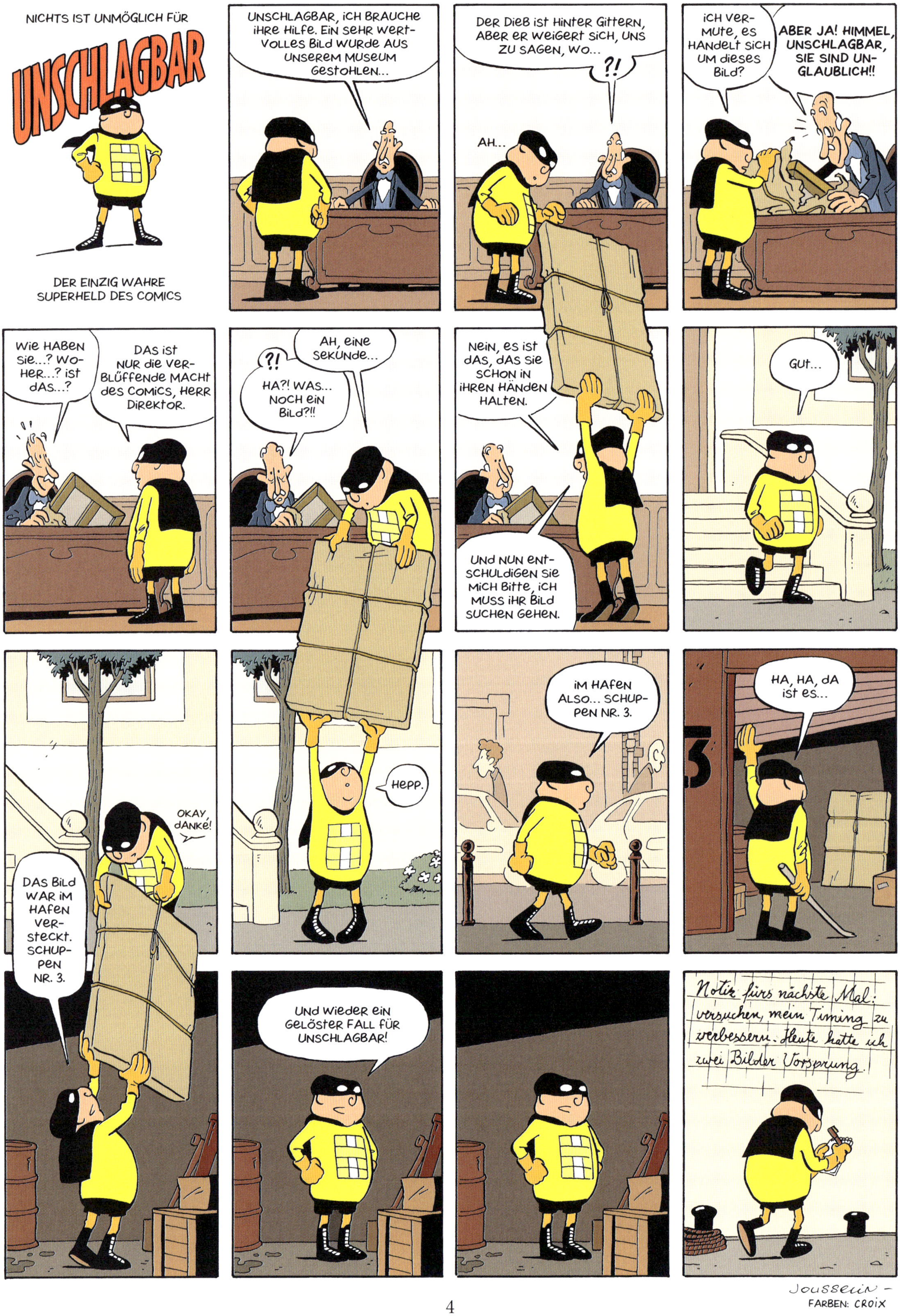
NICHTS IST UNMÖGLICH FÜR
UNSCHLAGBAR
DER EINZIG WAHRE SUPERHELD DES COMICS
UNSCHLAGBAR, ICH BRAUCHE IHRE HILFE. EIN SEHR WERTVOLLES BILD WURDE AUS UNSEREM MUSEUM GESTOHLEN...
DER DIEB IST HINTER GITTERN, ABER ER WEIGERT SICH, UNS ZU SAGEN, WO...
?!
AH...
ICH VERMUTE, ES HANDELT SICH UM DIESES BILD?
ABER JA! HIMMEL, UNSCHLAGBAR, SIE SIND UNGLAUBLICH!!
WIE HABEN SIE...? WOHER...? IST DAS...?
DAS IST NUR DIE VERBLÜFFENDE MACHT DES COMICS, HERR DIREKTOR.
?!
HA?! WAS... NOCH EIN BILD?!!
AH, EINE SEKUNDE...
NEIN, ES IST DAS, DAS SIE SCHON IN IHREN HÄNDEN HALTEN.
UND NUN ENTSCHULDIGEN SIE MICH BITTE, ICH MUSS IHR BILD SUCHEN GEHEN.
GUT...
DAS BILD WAR IM HAFEN VERSTECKT. SCHUPPEN NR. 3.
OKAY, DANKE!
HEPP.
IM HAFEN ALSO... SCHUPPEN NR. 3.
3
HA, HA, DA IST ES...
UND WIEDER EIN GELÖSTER FALL FÜR UNSCHLAGBAR!
Notiz fürs nächste Mal: versuchen, mein Timing zu verbessern. Heute hatte ich zwei Bilder Vorsprung!
02
JOUSSELIN
FARBEN: CROIX

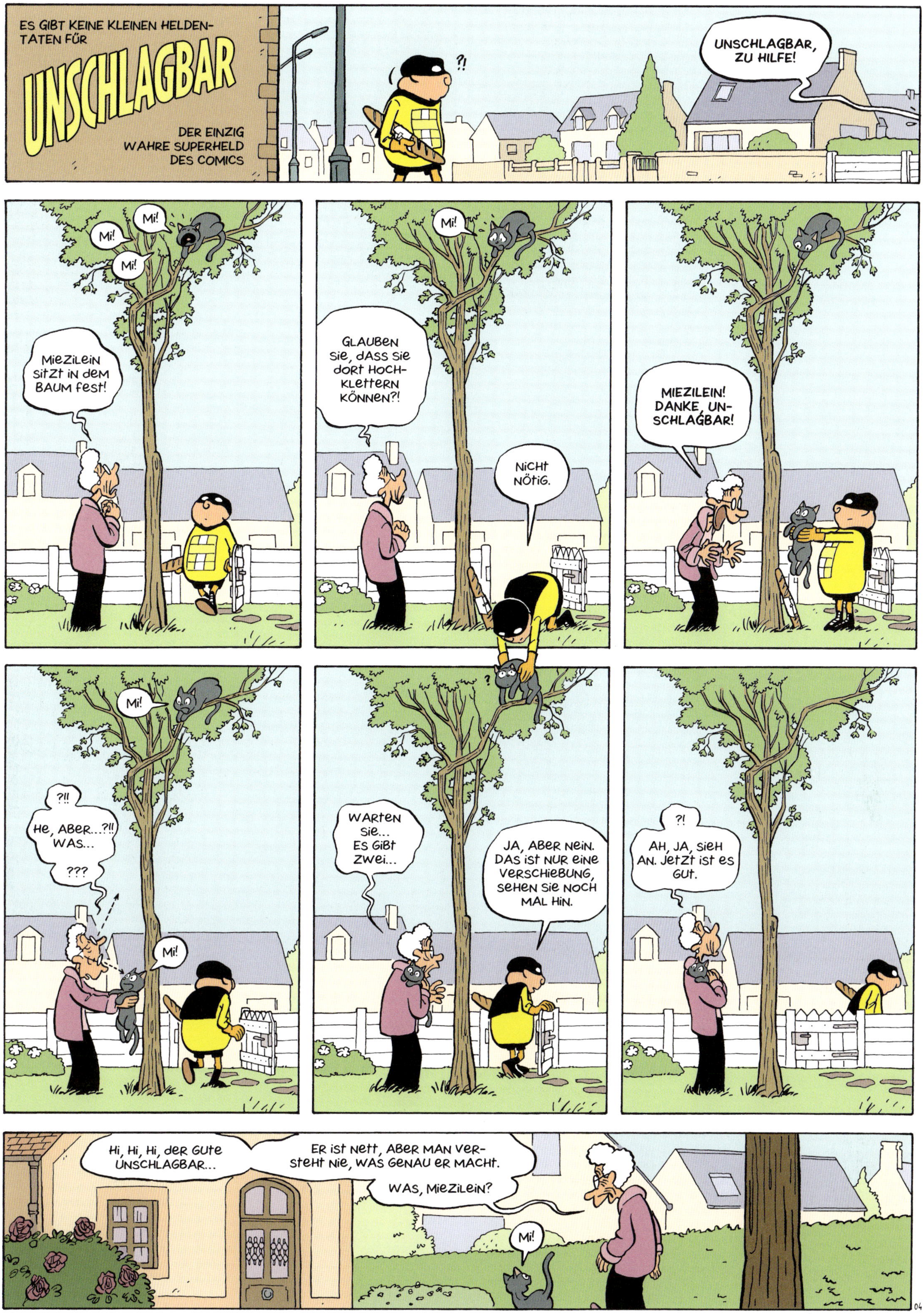


JOUSSELIN – FARBEN: CROIX

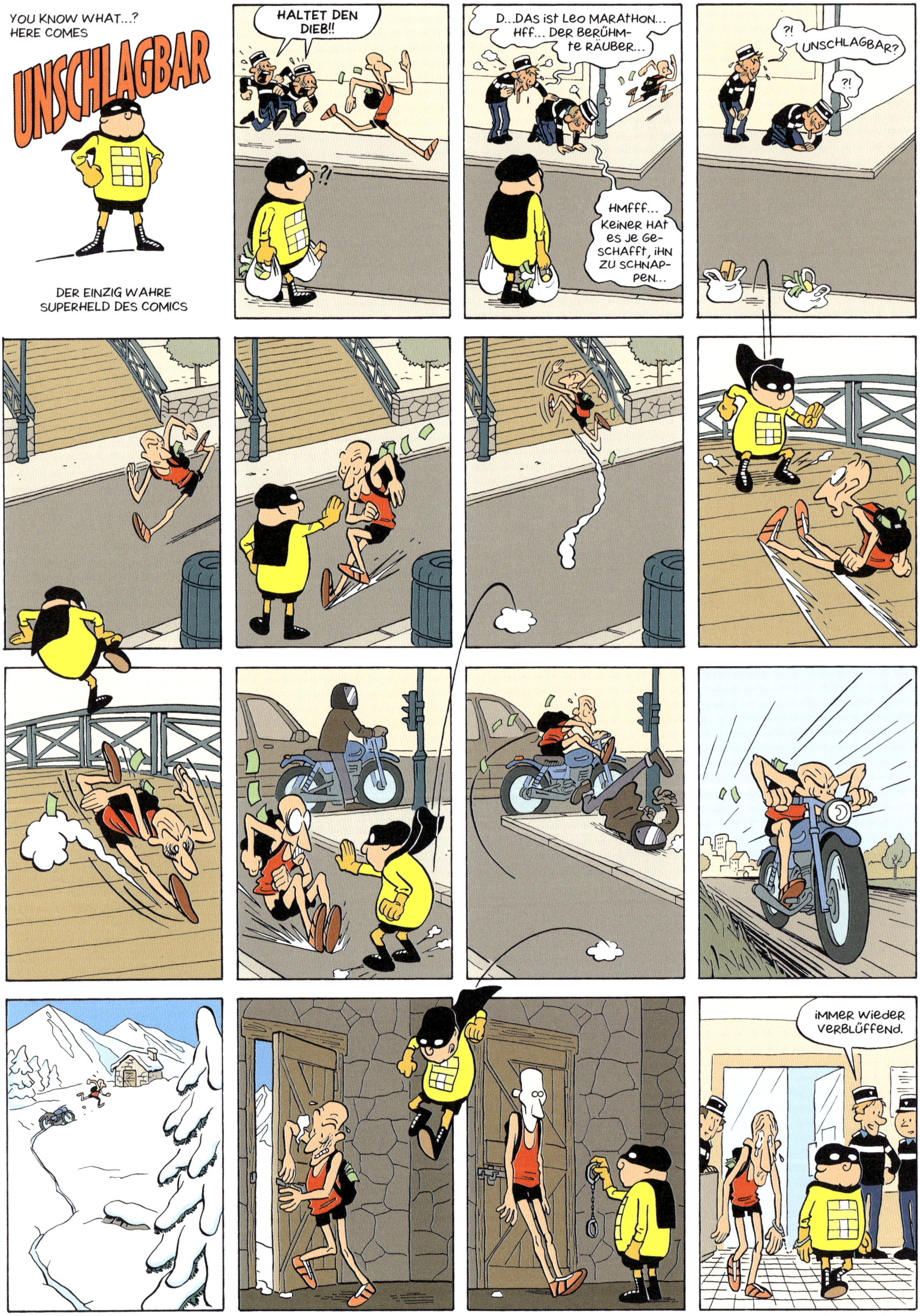


JOUSSELIN –
FARBEN: CROIX

JIPPIE! DA IST ER WIEDER, UNSER
UNSCHLAGBAR
DER EINZIG WAHRE SUPERHELD DES COMICS
♫♪♫... ?!
RAAAH, ist nicht WAHR.
Nie HAT MAN seine RUHE.
HA, HA, HA! DEIN STÜNDLEIN HAT GESCHLAGEN, UNSCHLAGBAR!
MEINE KILLERROBOTER WERDEN DICH IN STÜCKE REISSEN, BLÖDER HELD!
ZWIING
TCHAK
KLONG
?!
ABER WAS...
Wie NUR?!
ALS du HIER REINGEKOMMEN BIST, HATTE ICH deine ROBOTER SCHON ÜBERWÄLTIGT... denn die Zeit ist der RAUM UND der RAUM ist die Zeit.
WAS faselst du denn dA, ELENDER?!
DANEBEN! HAHAHA!
WIEDER DANEBEN! HAHAHA!
DU WIRST ALT, UNSCHLAGBAR, HA, HA, HA!
VON WEGEN, du HAST VERLOREN. MEIN ICH DER VERGANGENHEIT HAT dir SCHON eins ÜBERGEBRATEN.
WIR SEHEN UNS WIEDER, UNSCHLAGBAR! UND AN DIESEM TAG...
UNSCHLAGBAR.
KAPIERST du'S endLICH, oder WAS? ICH BIN UN-SCHLAG-BAR.
05
JOUSSELIN –
FARBEN: CROIX

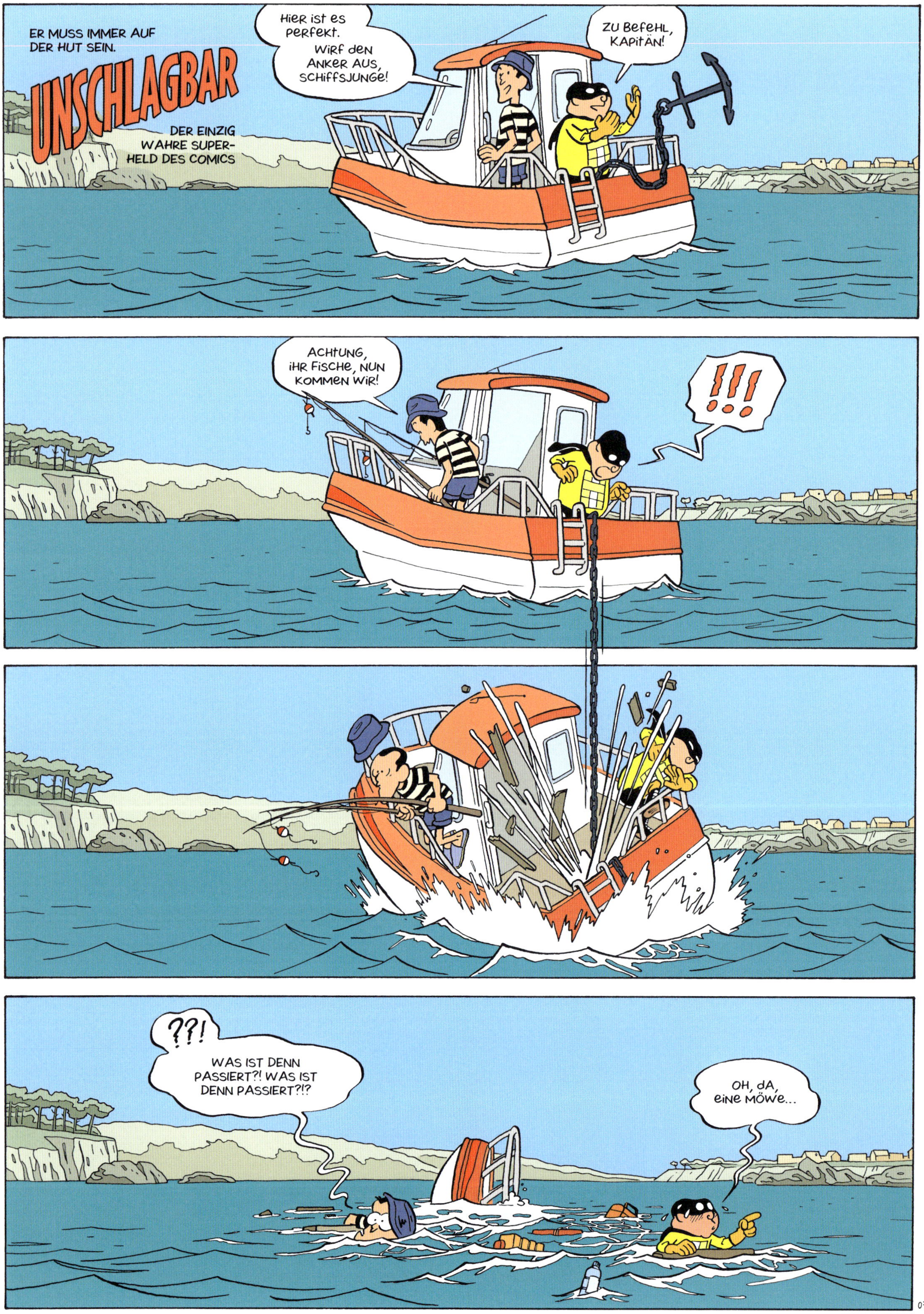


07

Jousselin –
FARBEN: CROIX

FÜR IHN IST MONTAG NIEMALS SCHONTAG.
UNSCHLAGBAR
DER EINZIG WAHRE SUPERHELD DES COMICS
NA, HERR UNSCHLAGBAR, GENIESSEN SIE AUCH DIESEN SCHÖNEN MONTAG?
JA, ICH GEHE ZUM ESSEN ZU MEINER OMA.
?
HALLO OMA, ICH BIN'S!
OH, SAG MAL, MEIN GROSSER, KANNST DU MIR BITTE NOCH EIN BAGUETTE KAUFEN GEHEN? ICH HABE KEINS MEHR.
NÖ, ALLES GUT, OMA, ICH HAB UNTERWEGS EINS GEHOLT!
Hallo ich, Oma braucht für heute Mittag noch ein Baguette.
?!! DU HAST SCHON EINS?
ABER WENN ICH NOCH EINES GEHABT HÄTTE, WÄRE JETZT ZU VIEL DA! ES IST NICHT GUT, WENN MAN ES RISKIERT, LEBENSMITTEL ZU VERSCHWENDEN...
SCHON, ABER ICH WUSSTE, DASS DU ES BRAUCHST... DANK MEINER SUPERKRÄFTE...
?!! WEIL DU JETZT DIE KRAFT BESITZT ZU WISSEN, OB DIE LEUTE NOCH BROT ZU HAUSE HABEN?!
HI, HI, HI, NA LOS, KOMM ZU TISCH, ANSTATT UNSINN ZU ERZÄHLEN...
10
JOUSSELIN
FARBEN: CROIX

GUTEN TAG, MEINE FREUNDE, HA, HA, HA!
GUTEN TAG, HERR BÜRGERMEISTER.
UND, WIE GEHT ES VORAN?
OH, DAS IST EINE SACHE VON ZWEI ODER DREI TAGEN, HERR BÜRGERMEISTER. ZUERST HEBEN WIR DORT EINEN GRABEN AUS, UM DIE KABEL ZU VERLEGEN, UND DANN WE
SEHR GUT, MEIN FREUND, SEHR GUT.
?! ABER ...?!
?! UNSER BOULE-PLATZ... WAS MACHEN SIE DA AUF UNSEREM BOULE-PLATZ?!
HA, HA, HA, FREUEN SIE SICH, MEINE FREUNDE! DIESER PLATZ KOMMT IM 21. JAHRHUNDERT AN!
SEHEN SIE SICH DAS HIER AN, IST DAS NICHT FABELHAFT?
Plakato3000
Die Reklametafeln der neuen Generation
Ultra-3-D-Effekt!
8 Bildschirme mit Hyper-High-Definition!
Mega-Digital-Sound!
Und die Werbung wird lebendig!
Plakato3000! Endlich kommt die Zukunft allen zugute!
WIE?! SIE WOLLEN UNSEREN PLATZ ZERSTÖREN, UM DIESES DING AUFZUSTELLEN?!
ABER HERR BÜRGERMEISTER, SIE HATTEN UNS GESAGT, DASS SIE UNSEREN BOULE-PLATZ NICHT ANRÜHREN WERDEN!
WÄHREND IHRER WAHLKAMPAGNE, ERINNERN SIE SICH DENN NICHT?
ACH? AH... ABER HEUTE SEHEN DIE DINGE ANDERS AUS, MEINE FREUNDE...! DIE ZUKUNFT MUSS ALLEN ZUGUTEKOMMEN!
SIE HATTEN ES VERSPROCHEN. SIE SIND EIN LÜGNER.
HE, IMMER FREUNDLICH BLEIBEN!
SCHWEINCHEN, MEIN ALTER, GANZ RUHIG! TIEF DURCHATMEN!
AUWEIA! WARUM HABEN SIE IHN BELOGEN?! IHN DARF MAN NIEMALS ANLÜGEN!
KLANG
EIN VERSPRECHEN MUSS MAN HALTEN...
NANU, DAS SCHILD?! WAS...?!
OJEOJE, OJEOJE!
ALLE IN DECKUNG!
12-1

HABEN SIE DAS GESEHEN? ES HAT SICH GANZ PLÖTZLICH EINGEBEULT!
DAS IST...
... DIE MACHT...
... DER WORTE.
WAS...?! MIR IST, ALS HÄTTEN MICH LAUTER UNSICHTBARE KLEINE DINGER...
??!
DAS IST DIE MACHT DER WORTE, SAG ICH IHNEN. SIE HÖREN MIR NICHT ZU, HERR LÜGENBOLD!
HE-HO, SIE, SCHLUSS MIT DEN BELEIDIGUNGEN! ICH BIN KEIN LÜGNER! ICH HAB IN MEINEM GANZEN LEBEN NOCH NIE GELOGEN!
ROOOOH!
UNSCHLAGBAR
DER EINZIG WAHRE SUPERHELD DES COMICS
IN
DER HERR DER WORTE
PILU PILU ♫
JA, HALLO?
UNSCHLAGBAR? HIER IST HAUPTKOMMISSAR BRUNO.
WIR BRAUCHEN SIE, UNSCHLAGBAR, HIER HERRSCHT EIN RIESEN-TOHUWABOHU!
GUT. RÜHREN SIE SICH NICHT UND SPRECHEN SIE WEITER MIT MIR.
HA...?! ÄH... JA... ES EILT, UNSCHLAGBAR. WIR SIND AM LINDENPLATZ, UND BITTE... KOMMEN SIE SCHNELL.
WAS IST DAS PROBLEM?
TJA, DAS IST AM TELEFON SCHWER ZU ERKLÄREN... DAS MÜSSEN SIE MIT IHREN EIGENEN AUGEN SEHEN, UNSCHLAGBAR...
HE.
AAAA
MEINE GÜTE... ICH... SIE HABEN MICH... PFIUUU...
WAS IST DENN HIER PASSIERT?! EIN ERDBEBEN?!
OH, DA VORNE SITZT JA EINE ÄLTERE PERSON. DA SOLLTE SIE NICHT BLEIBEN, ES KÖNNTE GEFÄHRLICH SEIN!
NUN JA, GANZ RECHT. DAS IST OPA SCHWEINCHEN. ER IST FÜR ALL DAS VERANTWORTLICH...
12-2

AH, UNSCHLAGBAR, MEIN FREUND, ENDLICH!
GUTEN TAG, HERR BÜRGERMEISTER.
SIE MÜSSEN DIESEN DELINQUENTEN UNBEDINGT FESTNEHMEN, KLAR?!
ABER SEIEN SIE AUF DER HUT, WEIL... ER MACHT SUPERSELTSAME SACHEN... WIE SOLL ICH SAGEN...
NA LOS, ZEIGEN SIE ES UNSCHLAGBAR. HOPP! VERSUCHEN SIE NOCH EINMAL, DEN ALTEN FESTZUNEHMEN!
WAS?!
ABER... ÄH... HRM...
ES IST NÄMLICH SO...
ES WIRD IHM NICHT GEFALLEN, WENN WIR WIEDERKOMMEN.
FESTNEHMEN!
AH... VERZEIHUNG, HERR SCHWEINCHEN... ABER WIR MÜSSEN SIE ERNEUT BITTEN ZU GEHEN.
HAT DER BÜRGERMEISTER EINGEWILLIGT, DEN BOULE-PLATZ NICHT ZU ZERSTÖREN?
ÄHEM... NEIN, LEIDER NICHT, VERZEIHEN SIE...
IN DEM FALL BLEIBE ICH.
UND ICH BESCHÜTZE DEN PLATZ. IST DAS KLAR?
HABEN SIE GESEHEN? ALS WÄREN DA UNSICHTBARE DINGE, DIE SACHEN MACHEN!
UNGLAUBLICH...
GENAU WIE VOR FÜNF MINUTEN: ER VERLANGT, DASS DER BOULE-PLATZ UNBERÜHRT BLEIBT.
NIEMALS WERDE ICH MIT EINEM TERRORISTEN VERHANDELN, HÖRT IHR?! NIEMALS!
CAFÉ
HO, HO, DAS SPEKTAKEL GEHT WEITER: JETZT KOMMT UNSCHLAGBAR DAZU!
VERZEIHEN SIE, MEIN HERR, ABER... WORUM GEHT ES BEI DIESER GESCHICHTE MIT DEM BOULE-PLATZ?
PSSST. JUNGER MANN...
?
HAU AB!

HMPF... GUT. NOCH MAL VON VORNE.
ICH GLAUBE, WIR HABEN UNS MISSVERSTANDEN. ICH MÖCHTE NUR, DASS SIE MIR EIN WENIG ÜBER IHRE BEWEGGRÜNDE ERZÄHLEN...
?!
VERSUCHEN SIE NICHT, MICH EINZUWICKELN, JUNGER MANN. ICH WEISS, AUF WELCHER SEITE SIE STEHEN, ICH HABE GESEHEN, WIE SIE MIT IHREM FREUND, DEM LÜGNER, GEREDET HABEN.
UND WENN JEMAND LÜGT, BIN I... SSER MIR...
LÜGEN HEISST, DEN WORTEN KEINEN RESPEKT ZU ZOLLEN. ICH FINDE DAS UNERTRÄGLICH!
MAN DARF DIE MACHT DER WORTE NICHT UNTERSCHÄTZEN. WÖRTER KÖNNEN BERGE VERSETZEN.
NA, SO WAS, UNSCHLAGBAR KANN FLIEGEN?
AH, DOCH NICHT.
SIE WERDEN MIR SAGEN, ZU SCHWEIGEN KANN EBENSO GEFÄHRLICH SEIN. RECHT HÄTTEN SIE!
OPA SCHWEINCHEN IST ECHT UNGLAUBLICH. ICH WUSSTE GAR NICHT, DASS ER SUPERKRÄFTE HAT.
OJEOJE...
NA JA, NORMALERWEISE IST ER NORMAL, ABER WENN MAN IHN ÄRGERT...
JA... APROPOS, WAS WILL DER BÜRGERMEISTER DENN HIER ERRICHTEN?
EINEN PLAKATO-3000.
HA? SO ETWAS DIREKT VOR MEINER BAR?!
WAS? DIESES MONSTRUM UNTER MEINEN FENSTERN?
IST DAS EIN SCHERZ...?
12-4

Wohlgewählte Worte können einen Gegner lahmlegen.
?!
BONK BONK BONK
Worte können wehtun.
Aber sie können einen auch bewegen.
?! Ja was zum...?! Warum macht dieser Blödmann jetzt einen Kopfstand?
Die Sprache zu beherrschen – ich meine, sie wirklich zu beherrschen – ist eine unglaubliche Macht.
Das Sprechen...? Hat seine Kraft mit dem Sprechen zu tun? Hm...
Ja, eine unendliche Macht...
Probieren wir's, ich hab nichts zu verlieren!
Wer wagt es...?! Das wirst du bereuen, ich...
Schluss mit den Worten! Schluss mit dem Unfug!
MH... MH...
Und jetzt entschuldigen Sie, aber... ich konfisziere jetzt Ihr...
HU... H... HU!
... Gebiss.
Ohne verständliche Worte keine Macht der Sprache mehr!
'Aue'ei! 'e'en 'ie 'ir 'ein 'e'iss 'u'uck!
Und jetzt erklären Sie es mir!
Was ist das für eine Boule-Geschichte?
'er 'ür'er'eis'er is' ein 'ü'ner.
Ah ja, Mist... Sie können nicht mehr sprechen.
Äh... vielleicht versuchen Sie's mit Pantomime?
?! Aber was zum Teufel...
???
He, Herr Bürgermeister!
Es kommt nicht infrage, dass Sie diese Abscheulichkeit auf den Platz stellen!
Jepp!
Haben Sie noch alle?
12-5

WARTEN SIE, MEINE FREUNDE... ICH GLAUBE, SIE BEGREIFEN NICHT, WIE VIEL GELD SIE MI... DIE STADT DAMIT VERDIENEN WIRD!
IST UNS WURSCHT!
SIE KÖNNEN DAS TEIL JA VOR IHRE FENSTER STELLEN!
GENAU!
DAS VERSCHAFFT UNS LANGSAM VIELE UNZUFRIEDENE WÄHLER... ES WÄRE ZWEIFELLOS WEISER, EINEN RÜCKZIEHER ZU MACHEN.
HMPF.
JA HIMMEL NOCH MAL, SIE SEHEN DOCH, DASS UNSERE BÜRGER IHR PROJEKT NICHT HABEN WOLLEN! ALSO BEHARREN SIE NICHT DRAUF!
HA, HA, HA, TUT MIR LEID, MEINE FREUNDE. ICH DACHTE, DIESER LÜMMEL HÄTTE IHR EINVERSTÄNDNIS EINGEHOLT!
WENN SIE ES NICHT WOLLEN, REDEN WIR NICHT MEHR DRÜBER!
HE-HO! DAS ALLES WAR NUR EIN RIESIGES MISSVERSTÄNDNIS! NIEMAND WIRD IHREN KEGELPLATZ ANRÜHREN! HA, HA, HA!
ER SAGT DIE WAHRHEIT, SCHWEINCHEN!
ALLES OKAY, GEHT'S WIEDER?
HAST DEINE NORMALE GESICHTSFARBE ZURÜCK!
AH... WAS DIESES BOULE-SPIEL ANGEHT, KANN MIR DAS JEMAND ERKLÄREN?
MEINE FREUNDE, ICH GEB EINE RUNDE AUS!
HA, HA, HA, MEINE FREUNDE, WAS FÜR EINE SACHE. ALSO DIESEN PLATZ HAB ICH NIE, WIRKLICH NIEMALS ZERSTÖREN WOLLEN.
?!
SCHWEINCHEN, NICHT!
ABER MISSVERSTANDEN ZU WERDEN IST EINES DER RISIKEN UNSERES SCHÖNEN BERUFS.
SCHON GUT, HAB MICH IM GRIFF.
?
ACHTUNG, DIE KUGEL.
12-6
Jousselin
FARBEN: CROIX

16

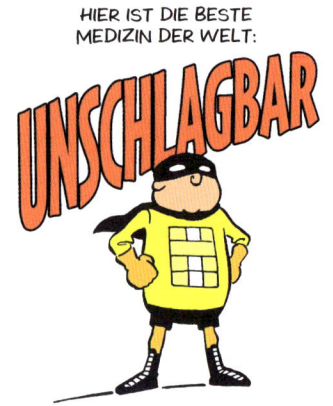

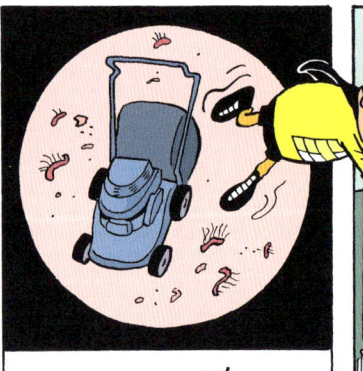

WENN ER ZAUBERSHOWS GEBEN WÜRDE, WÄRE ER REICH!
UNSCHLAGBAR
DER EINZIG WAHRE SUPERHELD DES COMICS
... Und dieses gerade begonnene neue (WAHL-)JAHR ist die Gelegenheit...
MANN, BIN ICH wütend.
... für mich und mein Team, Ihnen unsere vollkommene Ergebenheit zu versichern. Wir wünschen Ihnen, liebe Wähl... Mitbürger, aufrichtig alles erdenklich Gute!
GRMBL... ALS MAN MICH BAT ZU KOMMEN, dachte ich, es sei, um jemanden zu retten!
Eines Tages werden ihm seine kleinen Gaunereien das Genick brechen!
?
MEINE CREME-TORTEN!
UPS.
NANU? Wo ist das Tablett mit den...?
ÄH... Wie sag ich's... Die Torten sind... in die Zukunft gewandert... HRM... UM im Gesicht des Herrn Bürgermeisters zu landen.
WAS?!
WIE FURCHTBAR! DAS MÜSSEN WIR VERHINDERN!
OH, ABER das können sie gar nicht.
HERR BÜRGERMEISTER, MAN WIRD SIE MIT CREMETORTEN BEWERFEN! ICH MUSS SIE BESCHÜTZEN!
He, ich sage Ihnen, das bringt nichts.
Cremetorten?! Kommen Sie, diesen lahmen alten Gag würde doch niemand mehr wagen.
ABER SOLANGE ETWAS NOCH NICHT PASSIERT IST, KANN MAN ES VERHINDERN!
TJA, leider nein.
HIIII! EINE TORTE!
SPROUTCH
SIE HABEN RECHT, MAN GREIFT MICH AN! HILFE!
SCHNELL, IN DECKUNG!
NUN HÖREN Sie schon auf, es ist unmöglich, dem zu entgehen.
DA! MEIN WAGEN!
BÜRGERH
SO, IHR ANARCHISTEN, WIE WOLLT IHR MICH JETZT MIT TORTEN BEWERFEN, HA? HA, HA, HA!
SPLASH
SPROUTCH
SCHLORF
RAAAAH! DIESE SCHWEINE! SIE HABEN MEIN AUTO PRÄPARIERT!
Aber neeein!
ÜRGERHAUS
Menno, die Nerven echt, wenn sie einem nicht zuhören.
14
Jousselin - FARBEN: CROIX

MITTWOCH IST MARKTTAG.

**UNSCHLAGBAR**

DER EINZIG WAHRE SUPERHELD DES COMICS

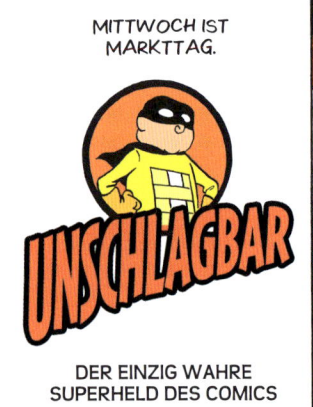

... DANN FÜGEN SIE DIE ZUCCHINI HINZU UND EINEN GUTEN LÖFFEL CRÈME FRAÎCHE...

HAR, HAR, HAR!

ZITTERE, UNSCHLAGBAR! HIER KOMMT MEIN NEUER KAMPF-ROBOTER...! UNZERSTÖRBARE TITANRÜSTUNG, LASERKANONE, DER NICHTS STANDHÄLT... ER WIRD DICH ZU STAUB PULVERI-SIEREN, ELENDER HELD!

Mist.

PFFF... DIESER VER-RÜCKTE PROFESSOR IST ECHT LÄSTIG.

OKAY, ABER DIE ZUCCHINI, SCHNEIDE ICH DIE EHER IN WÜRFEL ODER IN SCHEIBEN?

Mit einem Finger...

ER HAT IHN GESPRENGT, INDEM ER IHN MIT SEINEM FINGER BERÜHRT HAT...

JOUSSELIN - FARBEN: CROIX.

UNSCHLAGBAR
DER EINZIG WAHRE SUPERHELD DES COMICS
in
DAS VERSCHWINDEN DES Z
AH, UNSCHLAGBAR! HIER SIND SIE!
?!
NA KLAR, SONNTAG-MITTAG BIN ICH BEI MEINER OMA.
OH, DAS IST JA DER KLEINE BRUNO!
SETZ DICH, BRUNO, DU NIMMST DOCH SICHER EIN WENIG HÜHNCHEN...
TUT MIR LEID, KEINE ZEIT! WIR BRAUCHEN UNSCHLAGBAR AUF DER STELLE!
GEHT ES UM DEN KAPUTTEN BAHNÜBERGANG AN DER STRASSE NACH GROSSENWALD?
HÄ?! NEIN, NEIN, DAS KRIEGEN WIR BESTENS ALLEINE HIN.
ÄH... ER IST IMMERHIN SCHON SEIT DREI TAGEN KAPUTT.
VERDAMMT, UNSCHLAGBAR, SIE SOLLTEN SICH EIN HANDY ANSCHAFFEN! SEIT EINER STUNDE SUCHE ICH SIE ÜBERALL!
AUF DEM DACH DES BÜRGERHAUSES STEHT EIN IRRER, DER VERLANGT, SIE ZU SEHEN! WIR HABEN GESAGT, DASS WIR SIE HOLEN, ABER DA SIE NICHT GEKOMMEN SIND, HAT ER ANGEFANGEN, ALLES IN DIE LUFT ZU JAGEN!
?
AUWEIA, JA, TATSÄCHLICH, IHR MANNSCHAFTS-WAGEN!
HÄ? NEIN, NEIN, MIT DEM IST ALLES IN ORDNUNG. GOTT SEI DANK. ABER UNSERE BEIDEN EIN-SATZWAGEN...
WARUM HOLT IHR NICHT ENDLICH UN-SCHLAGBAR, IHR BANDE VON VOLLIDIOTEN?!
NANU, WAS FÜR EINE KOMI-SCHE STIMME...
JA, SEIN MEGAFON MUSS EINEN WACKEL-KONTAKT HABEN.
ICH HAB'S SATT!
UUUUH! ES GEHT WIEDER LOS!
WARUM WOLLT IHR NICHT AUF MICH HÖREN?!
WARUM LÜGT IHR MICH AN?!
DA... HABEN SIE GESEHEN ...?
HRM. ICH GEH MAL HIN.
DAS IST SUPERNERVIG!
GUT. WAS SOLL DIESES THEATER?
?!

UNSCHLAGBAR?! SIND SIE'S WIRKLICH?!
He, deine KOMISCHE STIMME... DAS KOMMT NUR DAHER, DASS DU IM STIMMBRUCH BIST!
OH, MJEPP. NA JA, ICH... ICH BIN HALT IN DER PUBERTÄT. IST NICHT MEINE SCHULD...
GUT. ALSO, WAS WILLST DU?
ÄHEM... HRM...
YO! DARF ICH MICH VORSTELLEN? ICH BIN TWO-D-BOY!
ICH MACH X-Y-MAGIE UND DAS Z BRAUCH ICH NIE!
X-Y-MA... WAS?!
AH... DAS IST MATHE, WISSEN SIE... ÄHEM... ICH MACH MAL WEITER.
YO! KLEINE DEMONSTRATION!
HRM... OKAY. ES SIND KEINE AUTOS MEHR DA, ALSO...
?!
ABER...?!
UND HOPP! TWO-D-POWER!
AAAND... ANOTHER DEMONSTRATION! YO, YO!
HEEE!
KRUIIIK
YO, TWO-D-BOY IST IM HAUS!
HÖR SOFORT DAMIT AUF, JUNGER MANN, ODER ICH VERPASS DIR EINEN TRITT!
HE, ABER ICH WILL MICH DOCH NICHT MIT IHNEN HAUEN!
SIE SIND MEIN IDOL!
HÄ...?
ICH WOLLTE SIE KENNENLERNEN, WEIL DIE AN DER SCHULE UNS ZWINGEN, EIN PRAKTIKUM ZU MACHEN...
UND ICH MÖCHTE EIN SUPERHELD WERDEN, ALSO...
DU WILLST EIN SUPERHELD WERDEN UND ZERSTÖRST STÄDTISCHES EIGENTUM?
SO GEHT DAS ABER NICHT, JUNGER MANN! DENK DOCH MAL NACH!
BÖH... NA JA... DAS WAR NUR, WEIL DIE POLIZISTEN MICH FÜR EINEN GROSSEN SPINNER GEHALTEN HABEN... UND DANN... ICH WOLLTE IHNEN NUR MEINE KRÄFTE ZEIGEN... DAMIT SIE MICH... NA, WEGEN DES PRAKTIKUMS BEI IHNEN...
SIEHT AUS, ALS HÄTTE UNSCHLAGBAR ES GESCHAFFT, DIESEN AMOKLÄUFER ZUR VERNUNFT ZU BRINGEN...
GEHEN WIR HIN!
19-2

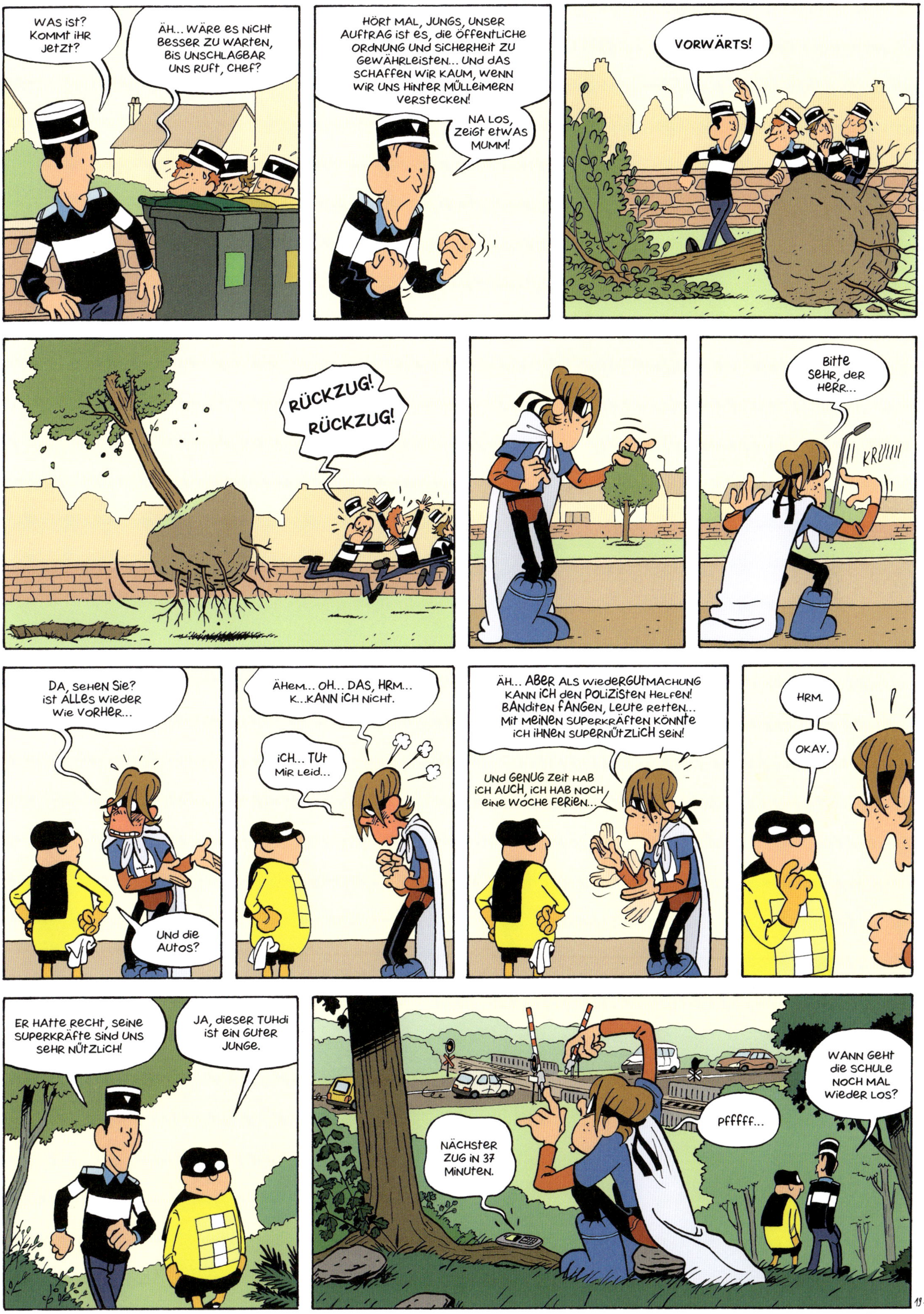


Jousselin –
FARBEN: CROIX –

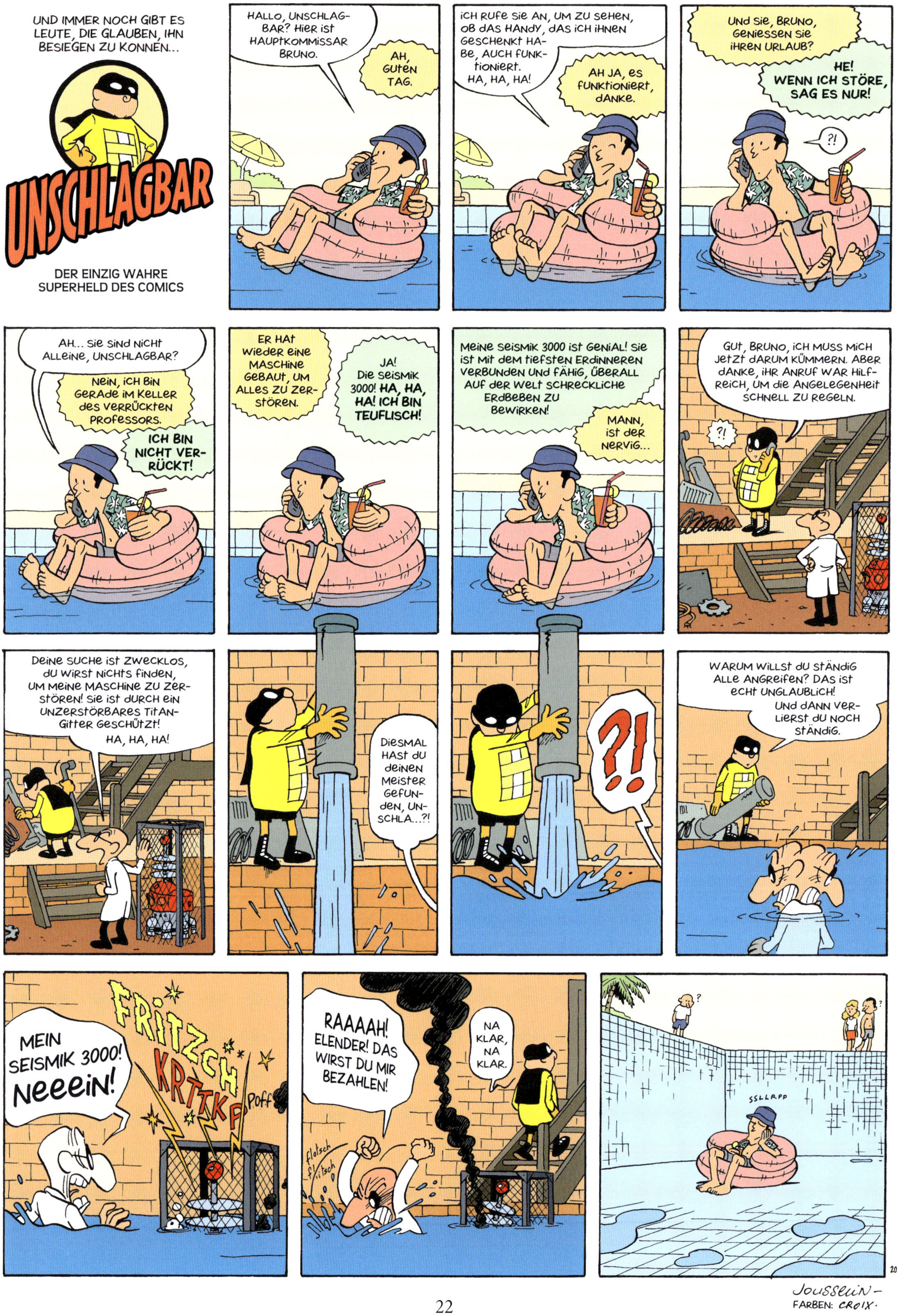
UND IMMER NOCH GIBT ES LEUTE, DIE GLAUBEN, IHN BESIEGEN ZU KÖNNEN...
UNSCHLAGBAR
DER EINZIG WAHRE SUPERHELD DES COMICS
HALLO, UNSCHLAGBAR? Hier ist HAUPTKOMMISSAR BRUNO.
AH, GUTEN TAG.
ICH RUFE SIE AN, UM ZU SEHEN, OB DAS HANDY, DAS ICH IHNEN GESCHENKT HABE, AUCH FUNKTIONIERT. HA, HA, HA!
AH JA, ES FUNKTIONIERT, DANKE.
Und Sie, BRUNO, GENIESSEN SIE IHREN URLAUB?
HE! WENN ICH STÖRE, SAG ES NUR!
?!
AH... SIE SIND NICHT ALLEINE, UNSCHLAGBAR?
NEIN, ICH BIN GERADE IM KELLER DES VERRÜCKTEN PROFESSORS.
ICH BIN NICHT VERRÜCKT!
ER HAT WIEDER EINE MASCHINE GEBAUT, UM ALLES ZU ZERSTÖREN.
JA! DIE SEISMIK 3000! HA, HA, HA! ICH BIN TEUFLISCH!
MEINE SEISMIK 3000 IST GENIAL! SIE IST MIT DEM TIEFSTEN ERDINNEREN VERBUNDEN UND FÄHIG, ÜBERALL AUF DER WELT SCHRECKLICHE ERDBEBEN ZU BEWIRKEN!
MANN, IST DER NERVIG...
GUT, BRUNO, ICH MUSS MICH JETZT DARUM KÜMMERN. ABER DANKE, IHR ANRUF WAR HILFREICH, UM DIE ANGELEGENHEIT SCHNELL ZU REGELN.
?!
DEINE SUCHE IST ZWECKLOS, DU WIRST NICHTS FINDEN, UM MEINE MASCHINE ZU ZERSTÖREN! SIE IST DURCH EIN UNZERSTÖRBARES TITANGITTER GESCHÜTZT! HA, HA, HA!
DIESMAL HAST DU DEINEN MEISTER GEFUNDEN, UNSCHLA...?!
?!
WARUM WILLST DU STÄNDIG ALLE ANGREIFEN? DAS IST ECHT UNGLAUBLICH!
UND DANN VERLIERST DU NOCH STÄNDIG.
MEIN SEISMIK 3000! NEEEIN!
FRITZCH
KRTTKP
POFF
RAAAAH! ELENDER! DAS WIRST DU MIR BEZAHLEN!
NA KLAR, NA KLAR.
FLATSCH
FLITSCH
SSSLLRPP
20
JOUSSELIN –
FARBEN: CROIX.

WER NIMMT PRAKTIKANTEN AN?
UNSCHLAGBAR
DER EINZIG WAHRE SUPERHELD DES COMICS
PFFF... VERDAMMTER DEUTSCH-AUFSATZ... JETZT BLEIBT UNS KAUM NOCH ZEIT...
TJA, ICH HAB'S DIR VORHER GESAGT: KEIN TRAINING, WENN DIE HAUSAUFGABEN NICHT FERTIG SIND...
GUT. FANGEN WIR AN... LEKTION NR. 1: EIN GUTER SUPERHELD HAT SEINE SUPERKRÄFTE PERFEKT IM GRIFF.
ALSO, LEG LOS... ZEIG MIR, WAS DU AUF DEM KASTEN HAST...
AH... OKAY. ICH KANN MIR ZUM BEISPIEL DEN LIEFERWAGEN VOM SCHLACHTER DAHINTEN NEHMEN.
HEEE! ZERBRICH IHN NICHT!
NEE, KEINE BANGE, ICH HEB IHN GANZ VORSICHTIG HOCH...
UND SEHEN SIE... WENN ICH IHN ZU MIR HOLE... PAFF, IST ER PLÖTZLICH GANZ KLEIN!
OH, SO WAS!
FABIAN, ZEIT FÜRS ABENDESSEN!
TUT TUT!
VORSICHT, LASS DEN LIEFERWAGEN NICHT FALLEN!
SCHHHT, MAMA! NENN MICH NICHT BEI MEINEM VORNAMEN! ICH BIN EIN MASKIERTER RÄCHER, ICH MUSS INKOGNITO BLEIBEN!
OKAY, ICH MUSS DANN MAL LOS...
DER LIEFERWAGEN! PASS AUF DEN LIEFERWAGEN AUF!
ACH WAS, KEIN PROBLEM, ICH STELL IHN WIEDER ZURÜCK... ER HAT... DA GEPARKT...
WEISST DU, EIN SUPERHELD IST NÄMLICH KEIN RANDALIERER...
VIELEN DANK! BIS NÄCHSTEN MITTWOCH!
TSCHÜSS, TUHDI.
WENN DU WIRKLICH INKOGNITO BLEIBEN WILLST, MEIN SCHATZ, SOLLTEST DU NICHT ZU MIR INS AUTO STEIGEN, SONDERN LIEBER ALLEINE ZU FUSS NACH HAUSE GEHEN...
OH...
WAS ZUM...?! MEIN LIEFERWAGEN?!
ACH DU JE! MAN HAT MEINEN LIEFERWAGEN GESTOHLEN!
POLIZEI!
JOUSSELIN –
FARBEN: CROIX.

IM WINTER TRÄGT ER EINEN SCHAL, DEN SEINE OMA GESTRICKT HAT.
UNSCHLAGBAR
DER EINZIG WAHRE SUPERHELD DES COMICS
HERR BÜRGERMEISTER, DIE GENERALDIREKTORIN VON PESTICHEMIC IST DA.
NA, WORAUF WARTEN SIE DANN? HEREIN MIT IHR!
FRAU GENERALDIREKTORIN! ES IST MIR EINE EHRE, DIE LEITERIN DES WICHTIGSTEN UNTERNEHMENS DES LANDKREISES ZU EMPFANGEN...
JAJA, GUT.
ICH FASSE MICH KURZ. ICH BIN HIER, WEIL EINER IHRER MITBÜRGER UNS IN HÖCHSTEM MASSE INTERESSIERT. ES HANDELT SICH UM DIESEN SUPERHELDEN: UNSCHLAGBAR.
KENNEN SIE IHN GUT?
UNSCHLAGBAR? ABER JA, ER IST MEIN BESTER FREUND!
WOMIT KANN ICH IHNEN EINE FREUDE MACHEN, FRAU DIREKTORIN? MIT EINEM SIGNIERTEN FOTO?
ICH HASSE HUMOR UND GENERELL ALLES, WAS MICH ZEIT VERLIEREN LÄSST.
ABER... HRM... ICH...
ICH MÖCHTE, DASS DAS POSITIVE IMAGE VON UNSCHLAGBAR MIT UNSEREN PRODUKTEN VERBUNDEN WIRD. ER IST EIN SUPERHELD, ER WÜRDE PERFEKT DIE SUPERKRAFT UNSERER CHEMISCHEN PESTIZIDE SYMBOLISIEREN.
HOLLA... ABER... NUN JA... UNSCHLAGBAR GEHÖRT NICHT WIRKLICH ZU DEN LEUTEN, DIE...
VERSTEHE, SIE WOLLEN IHR STÜCK VOM KUCHEN ABBEKOMMEN. GUT.
DIES IST DIE SUMME, DIE SIE ERHALTEN, WENN SIE UNSCHLAGBAR ÜBERZEUGEN, UNSER ANGEBOT ANZUNEHMEN.
?
¡¡¡¡¡IRKK...
STELLEN SIE MIR SOFORT EINE VERBINDUNG ZU UNSCHLAGBAR HER!
DANKE, UND FROHE FESTTAGE.
UNSCHLAGBAR, MEIN FREUND! HA, HA, HA! WIE GEHT'S DIR?
HM...?! NA, ICH BIN'S! DEIN FREUND, DER BÜRGERMEISTER!
HI, HI. ER GIBT DEN SPASSVOGEL.
HÖR ZU, MEIN FREUND, WIR MÜSSEN UNS SEHEN. ICH HAB GESCHÄFTLICHES MIT DIR ZU BESPRECHEN...
»GESCHÄFTLICHES«...?! UH, HERR BÜRGERMEISTER, SIE WISSEN DOCH, DASS ICH MEINE SUPERKRÄFTE NIEMALS IN DEN DIENST PRIVATER INTERESSEN STELLE...
30-1

HA, HA, SEHR SCHÖN, MEIN FREUND! MITTWOCH, 14 UHR, PERFEKT! HA, HA, JA, ICH DRÜCK DICH AUCH.
HÄ?! WAS ZUM...?! HE, HABEN SIE NICHT ZUGEHÖRT, ODER WAS? HALLO? HALLO?
SAPPERLOT... MEIN TELEFON SCHEINT NICHT MEHR RICHTIG ZU FUNKTIONIEREN...
!
ZWIIIP
BOFF
UNSCHLAG-BAR?
ALLES OKAY, MACHT EUCH KEINE SORGEN...
BAUT SCHÖN EUREN SCHNEE-MANN WEITER, KINDER.
?!
DER WAR DOCH SCHON LANGE FERTIG...
?
NA BITTE... ICH... ICH HABE DIE LAGE BESTENS IM GRIFF.
HMPF... SIE VERUNSICHERN MICH. SIE WIRKEN VIEL ZU GESTRESST FÜR EINEN GUTEN DIPLOMATEN.
HA, HA! NEIN, SEIEN SIE UNBESORGT. ICH GEHÖRE ZU DENEN, DIE STETS EINEN KÜHLEN KOPF BEWAHREN.
MJEPP. DAS WÜRDE ICH GERNE SEHEN.
NOCH NIE HAT MAN SICH DERART ÜBER MICH LUSTIG GEMACHT!
? ?
?
30-2
JOUSSELIN –
FARBEN: CROIX.

STÄRKER ALS DER BRIEFTRÄGER.
UNSCHLAGBAR
DER EINZIG WAHRE SUPERHELD DES COMICS
NA, IST DEIN SPIROU-MAGAZIN GUT?
OH JA, ONKEL, VOLL SUPER!
ABER ICH HAB ES SCHON AUSGELESEN... JETZT MUSS ICH EINE GANZE WOCHE LANG WARTEN BIS ZUR NÄCHSTEN NUMMER.
PFFF...
HRM... GEH NICHT WEG.
?!
WARTE KURZ, ICH BIN GLEICH WIEDER DA.
?!
ONKEL? ONKEL?!
SO WAS... UND SCHON IST ER WIEDER WEG...
IST DOCH IMMER DASSELBE MIT MEINEM SCHRÄGEN ONKEL...
WIR REDEN, DANN HAUT ER PLÖTZLICH AB, UND WENN ER WIEDERKOMMT, HAT ER EIN VERWAHRLOSTES KÄTZCHEN ODER EINE KRANKE OMA DABEI...
?!
DAS NÄCHSTE... DAS NEUE SPIROU-MAGAZIN!
NA DANN, CIAO, MEIN GROSSER!
WOAAAH, KLASSE! DANKE, ONKEL!
HIHIHI...
JIPPIE, HEUTE KOMMT DAS NEUE SPIROU-MAGAZIN!
?!!
ABER...?! DAS HAB ICH JA SCHON GELESEN...
HEPP. ICH NEHME DEIN SPIROU-MAGAZIN, UM ES DIR IN DER VERGANGENHEIT ZU GEBEN.
ONKEL...?
AAAAAH... OKAY, ICH GLAUB, ICH HAB'S KAPIERT.
ABER DANN...
NEEEIN! JETZT MUSS ICH NOCH EINE WOCHE AUF DIE NÄCHSTE NUMMER WARTEN!
13
JOUSSELIN –
FARBEN: CROIX

SELBST WENN ER GÄRTNERT, IST ER
UNSCHLAGBAR
DER EINZIG WAHRE SUPERHELD DES COMICS
Willst du nicht deinen Hut aufsetzen? Die Sonne brennt.
Nein, nein, mir geht's gut.
???
?
JOUSSELIN -
FARBEN: CROIX

UNSCHLAGBAR? Hier TWO-D-BOY. ALLES ROGER. iCH BIN AUF POSITION AM RANd des WALdes.
iCH SEHE SiE iN iHREM GARtEN.
ZOFF FÜR TWO-D
EIN ABENTEUER VON UNSCHLAGBAR, DEM EINZIG WAHREN SUPERHELDEN DES COMICS
ABER... AH... Sind SiE AUCH WiRKLiCH SiCHER, DASS WIR dAS AUSPROBiEREN WOLLEN...? iCH... iCH HAB NOCH NiE LEUtE tRANSPORtiERt...
ALLES OKAY, TUHdi, sei UNBESORGt...
... DU FASSt JA NUR den Kleiderständer AN, NiCHt MiCH.
AUSSERdEM MUSSt dU ES ÜBEN. StELL diR NUR VOR, dASS dU EiNES TAGES LEUtE AUS EiNEM BRENNENdEN HAUS REttEN MUSSt...
AH... GUt. LOS GEHt'S, HALtEN SiE SiCH fESt...
ES KLAPPt, TUHdi!
ABER, ÄH... HALt den ARM SCHÖN GEStRECKt, iCH WÜRde GERNE MEiNE NORMALE GRÖSSE BEHALtEN...
BEREITE DICH AUF DEIN VERSCHWINDEN VOR, ELENDE STADT!
MEIN VERNICHTER WIRD DICH IN EIN GIGANTISCHES SCHWARZES LOCH VERWANDELN! HA, HA, HA!
UNSCHLAGBAR! ES GiBt HiER EiN PROBLEM...
Wie Bitte? iCH VERStEH diCH NiCHt, TUHdi.
NOCH EINIGE SEKUNDEN, UND DER LASER IST AUFGELADEN, HAR, HAR, HAR!
HiER ist EiN iRRER Mit SO 'NER ARt RiESENBAZOOKA, der AUf die StAdt fEUERN WiLL! WAS SOLL iCH MACHEN?!
HÄ? SPRiCH LAUtER, TUHdi!
DIT. DIT. DIT.
ABER dAS KANN iCH NiCHt, der iRRE WiRd MiCH SONSt HÖREN!
?!
HE, PASS AUF, TUHDI! DIREKT VOR MIR IST EINE STRASSENLA...
BONK!
UNSCHLAGBAR...?!
OH NeiN! WAS HAB iCH GetAN?!

29

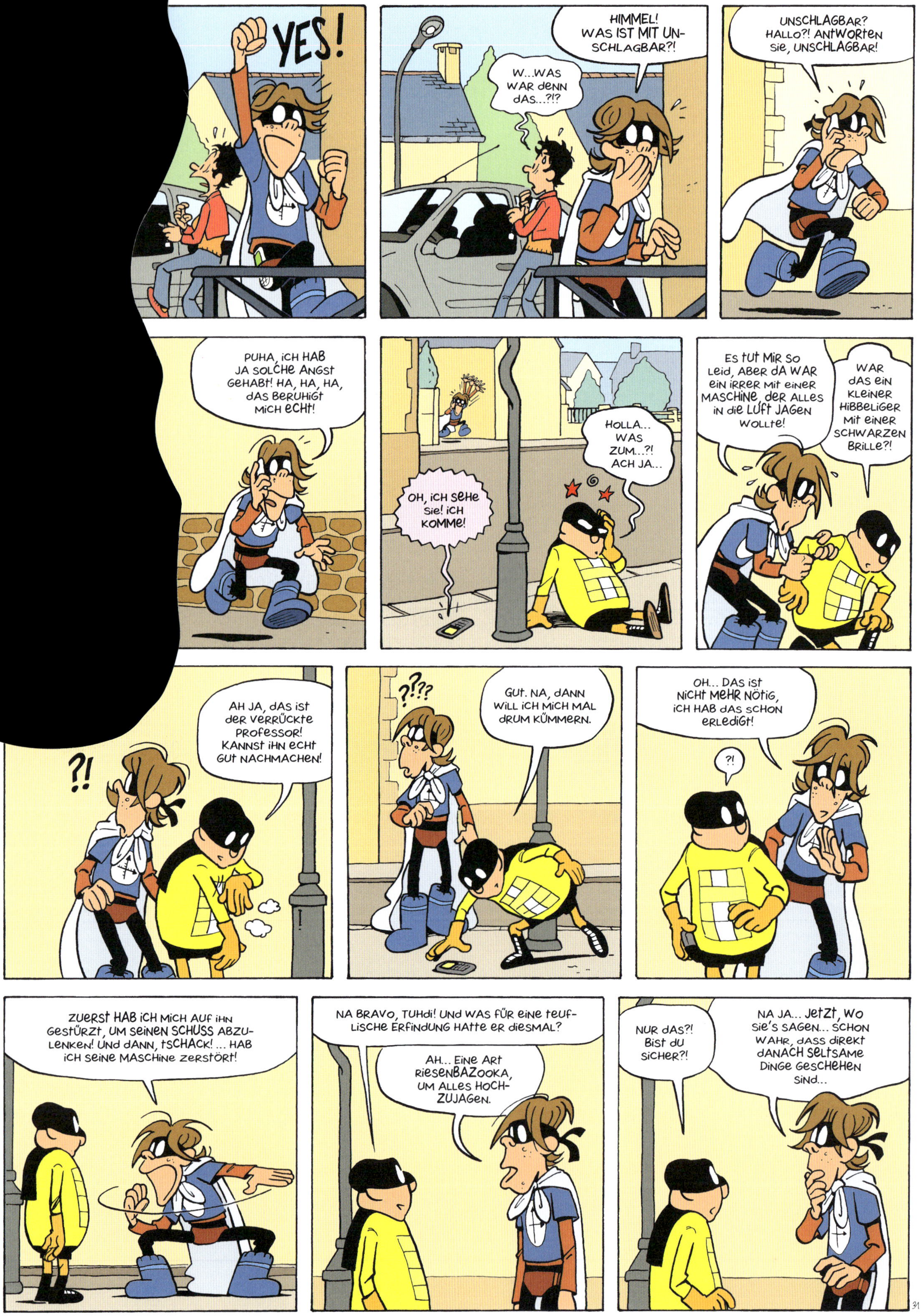

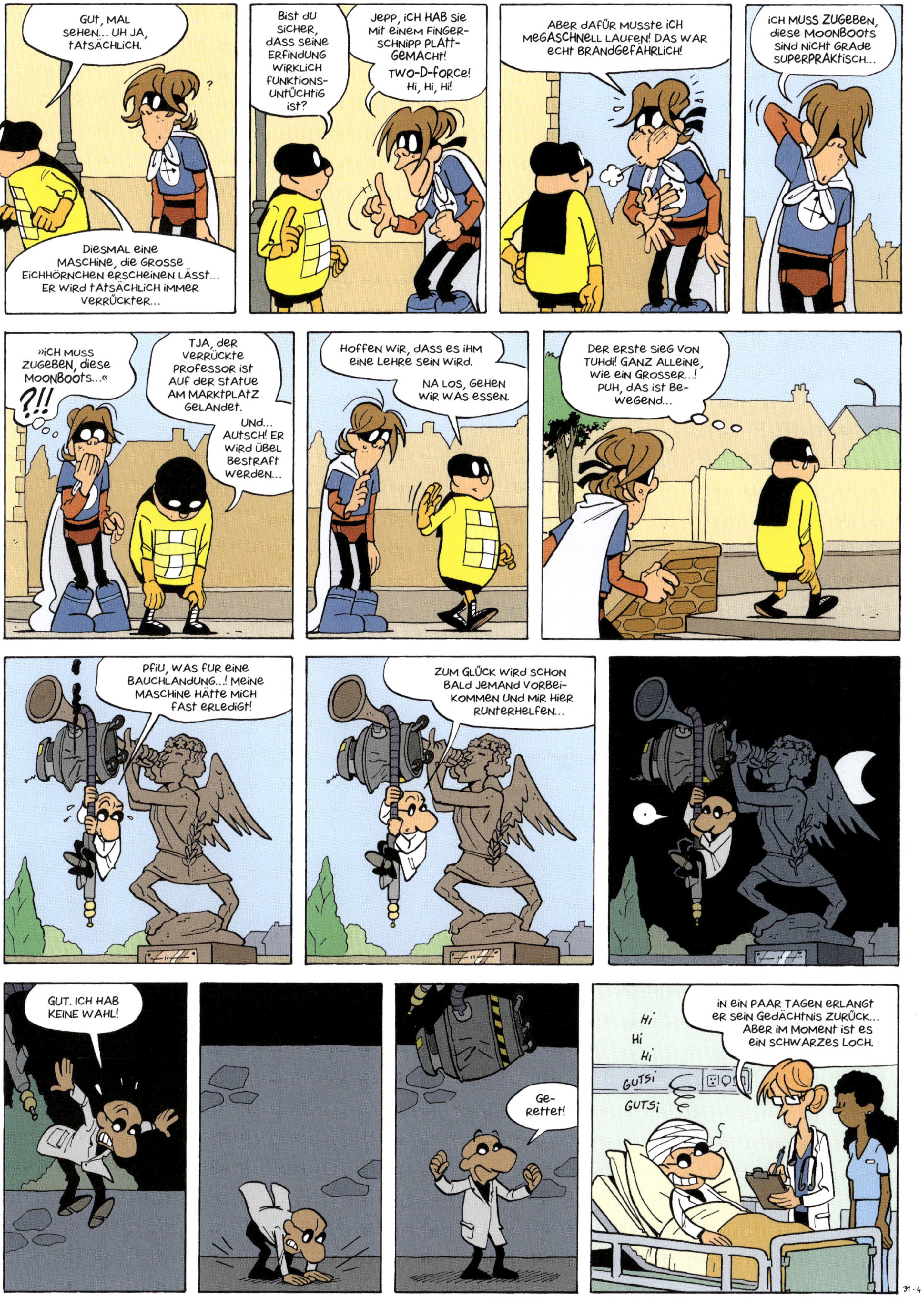
GUT, MAL SEHEN… UH JA, TATSÄCHLICH.
?
DIESMAL EINE MASCHINE, DIE GROSSE EICHHÖRNCHEN ERSCHEINEN LÄSST… ER WIRD TATSÄCHLICH IMMER VERRÜCKTER…
BIST DU SICHER, DASS SEINE ERFINDUNG WIRKLICH FUNKTIONS-UNTÜCHTIG IST?
JEPP, ICH HAB SIE MIT EINEM FINGER-SCHNIPP PLATT-GEMACHT! TWO-D-FORCE! HI, HI, HI!
ABER DAFÜR MUSSTE ICH MEGASCHNELL LAUFEN! DAS WAR ECHT BRANDGEFÄHRLICH!
ICH MUSS ZUGEBEN, DIESE MOONBOOTS SIND NICHT GRADE SUPERPRAKTISCH…
»ICH MUSS ZUGEBEN, DIESE MOONBOOTS…«
?!!
TJA, DER VERRÜCKTE PROFESSOR IST AUF DER STATUE AM MARKTPLATZ GELANDET.
UND… AUTSCH! ER WIRD ÜBEL BESTRAFT WERDEN…
HOFFEN WIR, DASS ES IHM EINE LEHRE SEIN WIRD.
NA LOS, GEHEN WIR WAS ESSEN.
DER ERSTE SIEG VON TUHDI! GANZ ALLEINE, WIE EIN GROSSER…! PUH, DAS IST BE-WEGEND…
PFIU, WAS FÜR EINE BAUCHLANDUNG…! MEINE MASCHINE HÄTTE MICH FAST ERLEDIGT!
ZUM GLÜCK WIRD SCHON BALD JEMAND VORBEI-KOMMEN UND MIR HIER RUNTERHELFEN…
GUT. ICH HAB KEINE WAHL!
GE-RETTET!
HI
HI
HI
GUTSI
GUTSI
IN EIN PAAR TAGEN ERLANGT ER SEIN GEDÄCHTNIS ZURÜCK… ABER IM MOMENT IST ES EIN SCHWARZES LOCH.
31 · 4

DER SCHERZKEKS LÄSST SCHÖN GRÜSSEN.
EIN ABENTEUER VON UNSCHLAGBAR
DANKE, DASS SIE GEKOMMEN SIND, UNSCHLAGBAR.
MACHEN WIR BITTE SCHNELL, BRUNO: ICH HABE HERRN SCHWARZ VERSPROCHEN, SEINEN GARTEN UMZUGRABEN.
GENDARMERIE
SEINEN GARTEN UMZUGRABEN? MIT IHREN SUPERKRÄFTEN?
...
?
ÄH... NEIN, MIT EINEM SPATEN.
GUT. ICH HABE SIE GERUFEN, WEIL SIE IN GROSSSTADT ERNSTE PROBLEME HABEN... LESEN SIE SELBST.
Großstadt-Kurier
SPEKTAKULÄRER RAUB IN DER LANDESBANK
DER SCHERZKEKS
EIN GEHEIMNISVOLLER GANOVE SIGNIERT SEINE MISSETAT
»Alles wurde leer geräumt, aber es gibt keinerlei Einbruchsspuren. Das ist unbegreiflich!« Hinnerk Stahl Polizeikommandant
GROSSSTADT-GAZETTE
DAS GANZE MUSEUM VOLLGESCHMIERT!
Die zweite Missetat vom Scherzkeks
»Und immer noch keine aufgebrochene Tür, es ist verrückt.«
DER SCHERZKEKS
Ein seltsames Apfelsinenstück als Signatur.
DIE OLYMPIA-SCHWIMMHALLE IST EXPLODIERT!
Ein vom mittlerweile berüchtigten Scherzkeks signiertes Attentat
»Es grenzt an ein Wunder, dass es keine Verletzten gab!« Der Leiter der Feuerwehr
»Im Umkreis von 1 Kilometer ist alles nass.« Eine Oma aus dem Viertel
RAUB, VANDALISMUS, ATTENTAT... WIE KANN MAN BLOSS SO BOSHAFT SEIN?
UND DAS IST NICHT ALLES. UNSCHLAGBAR, SEHEN SIE SICH DAS AN...
DAS WAR GESTERN ABEND IM FERNSEHEN...
DER SCHERZKEKS: DIE NEUE BEDROHUNG!
direct TV
SEINE VERBRECHEN MIT DER ZEICHNUNG EINES ORANGENSTÜCKS ZU SIGNIEREN IST DER INDISKUTABLE BEWEIS GROSSER INTELLIGENZ. DIE SYMBOLIK IST AUGENFÄLLIG: VERBITTERUNG ANGESICHTS DER STARK VITAMINIERTEN WELT DER...
Alexander Blatter
Experte
ERZITTERT, IHR WÜRMER!
WOHER? WAS? DIE WAND? ... WIE DAS ?!
DIE WAND... SIE SIND DURCH DIE WAND GEGANGEN...
JA, SO WAS... ER IST DURCH DIE WAND GEKOMMEN...
JAHA, IHR ELENDEN LARVEN, MEINE MACHT IST UNENDLICH.

**Panel 1:** Guten Abend Ihnen allen. Ich bin der Scherzkeks.

**Panel 2:** Ich habe die Macht, zu tun, was ich will und wo ich es will. Sie, ihre Angehörigen, ihr... Hab und Gut... Vor mir ist nichts und niemand mehr sicher. Nirgendwo.

**Panel 3:** Ach du je, und obendrein ist dieser Irre bewaffnet!

**Panel 4:** Ich bin also euer neuer Herrscher, und ihr alle, Bewohner von Grossstadt, werdet meine ergebenen Untertanen!

**Panel 5:** Ergebene Untertanen? Aber... äh... mit welchem Ziel?

**Panel 6:** »Mit welchem Ziel, Eure Majestät, der Scherzkeks«! — M...mit... welchem Ziel, Eure Majestät, der Scherzkeks? — Weil es lustig ist.

**Panel 7:** Wir werden übrigens alle gemeinsam lachen. Ich werde euch ein weiteres Mal den Umfang meiner Macht demonstrieren.

**Panel 8:** Ich werde innerhalb von 24 Stunden ein Kind aus Grossstadt kidnappen... und zwar den Sohn des Bürgermeisters. Versucht nur, mich aufzuhalten.

**Panel 9:** Und vergesst nicht: Ich bin euer Albtraum, denn ich bin überall! — Ha, ha, ha! Der Scherzkeks lässt schön grüssen!

**Panel 10:** (stille)

**Panel 11:** Äh... Eine letzte Sache noch: Mein Logo ist kein Orangenstück, sondern ein unheilvolles Grinsen, ihr Bande von Idioten!

**Panel 12:** Ein gefährlicher Irrer, der durch Wände gehen kann... Sehen Sie? Nur Sie können diesen Verbrecher aufhalten, Unschlagbar!

**Panel 13:** Sagen Sie Herrn Schwarz bitte, dass ich einen Banditen festnehmen muss und dann wiederkomme. — Sofort, Unschlagbar.

**Panel 14:** Brechen wir gleich auf, Grossstadt ist einige Autostunden entfernt. Mein Wagen ist... — Nein, nein, wenden wir meine übliche Methode an, das ist wesentlich einfacher und wesentlich schneller...

**Panel 15:** Wir benutzen das Telefon. — ?

33

34

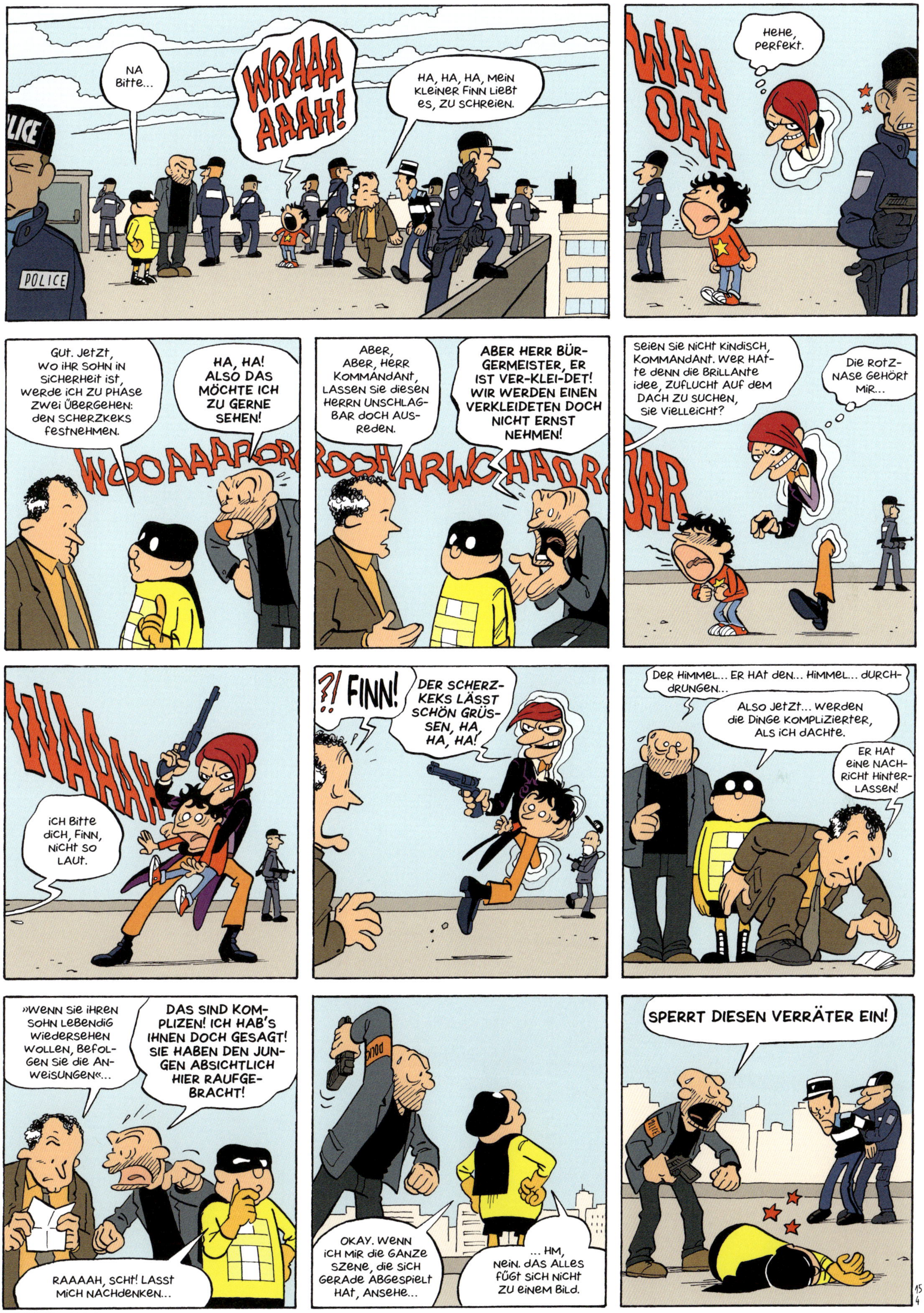
NA Bitte...
WRAAAAAAH!
HA, HA, HA, MEIN KLEINER FINN LIEBT ES, ZU SCHREIEN.
POLICE
WAAOAA
HEHE, PERFEKT.
GUT. JETZT, WO IHR SOHN IN SICHERHEIT IST, WERDE ICH ZU PHASE ZWEI ÜBERGEHEN: DEN SCHERZKEKS FESTNEHMEN.
HA, HA! ALSO DAS MÖCHTE ICH ZU GERNE SEHEN!
WOOAAARRORROOCHARWOHAORROAR
ABER, ABER, HERR KOMMANDANT, LASSEN SIE DIESEN HERRN UNSCHLAGBAR DOCH AUSREDEN.
ABER HERR BÜRGERMEISTER, ER IST VER-KLEI-DET! WIR WERDEN EINEN VERKLEIDETEN DOCH NICHT ERNST NEHMEN!
SEIEN SIE NICHT KINDISCH, KOMMANDANT. WER HAT DENN DIE BRILLANTE IDEE, ZUFLUCHT AUF DEM DACH ZU SUCHEN, SIE VIELLEICHT?
DIE ROTZNASE GEHÖRT MIR...
WAAAAH
ICH BITTE DICH, FINN, NICHT SO LAUT.
?! FINN!
DER SCHERZKEKS LÄSST SCHÖN GRÜSSEN, HA, HA, HA!
DER HIMMEL... ER HAT DEN... HIMMEL... DURCHDRUNGEN...
ALSO JETZT... WERDEN DIE DINGE KOMPLIZIERTER, ALS ICH DACHTE.
ER HAT EINE NACHRICHT HINTERLASSEN!
»WENN SIE IHREN SOHN LEBENDIG WIEDERSEHEN WOLLEN, BEFOLGEN SIE DIE ANWEISUNGEN«...
DAS SIND KOMPLIZEN! ICH HAB'S IHNEN DOCH GESAGT! SIE HABEN DEN JUNGEN ABSICHTLICH HIER RAUFGEBRACHT!
RAAAAH, SCHT! LASST MICH NACHDENKEN...
OKAY. WENN ICH MIR DIE GANZE SZENE, DIE SICH GERADE ABGESPIELT HAT, ANSEHE...
... HM, NEIN. DAS ALLES FÜGT SICH NICHT ZU EINEM BILD.
SPERRT DIESEN VERRÄTER EIN!
15
4

He, he, sehr gut!
Alles okay, der Bengel ist auf der anderen Seite.
Ich geh rüber. Und du rührst dich nicht, bevor ich zurück bin, hast du verstanden?
Ich rühr mich nicht. Verstanden, Boss.
Die Rotznase gehört mir…
Hi, hi, hallo Lili.
?
?!
Oooh! Nein, Lili!
LILI! NIIICHT!
DER SCHERZKEKS LÄSST SCHÖN GRÜSSEN, HA, HA, HA!
So, das hätten wir!
Hier ist's kacke.
Auf diesen neuen, strahlenden Sieg.
Auf Ihre stets genialen Ideen, Boss.
WRAAAOO
?
Potztausend! Der Scherzkeks hört nicht auf zu gewinnen, und Unschlagbar ist bewusstlos! Was wird er…? Und ist der…? Wie geht es weiter…? Ihr erfahrt es auf der nächsten Seite.
15
5
Jousselin –
Farben: Croix.

# DER SCHERZKEKS LÄSST SCHÖN GRÜSSEN, HA, HA, HA!

TEIL 2

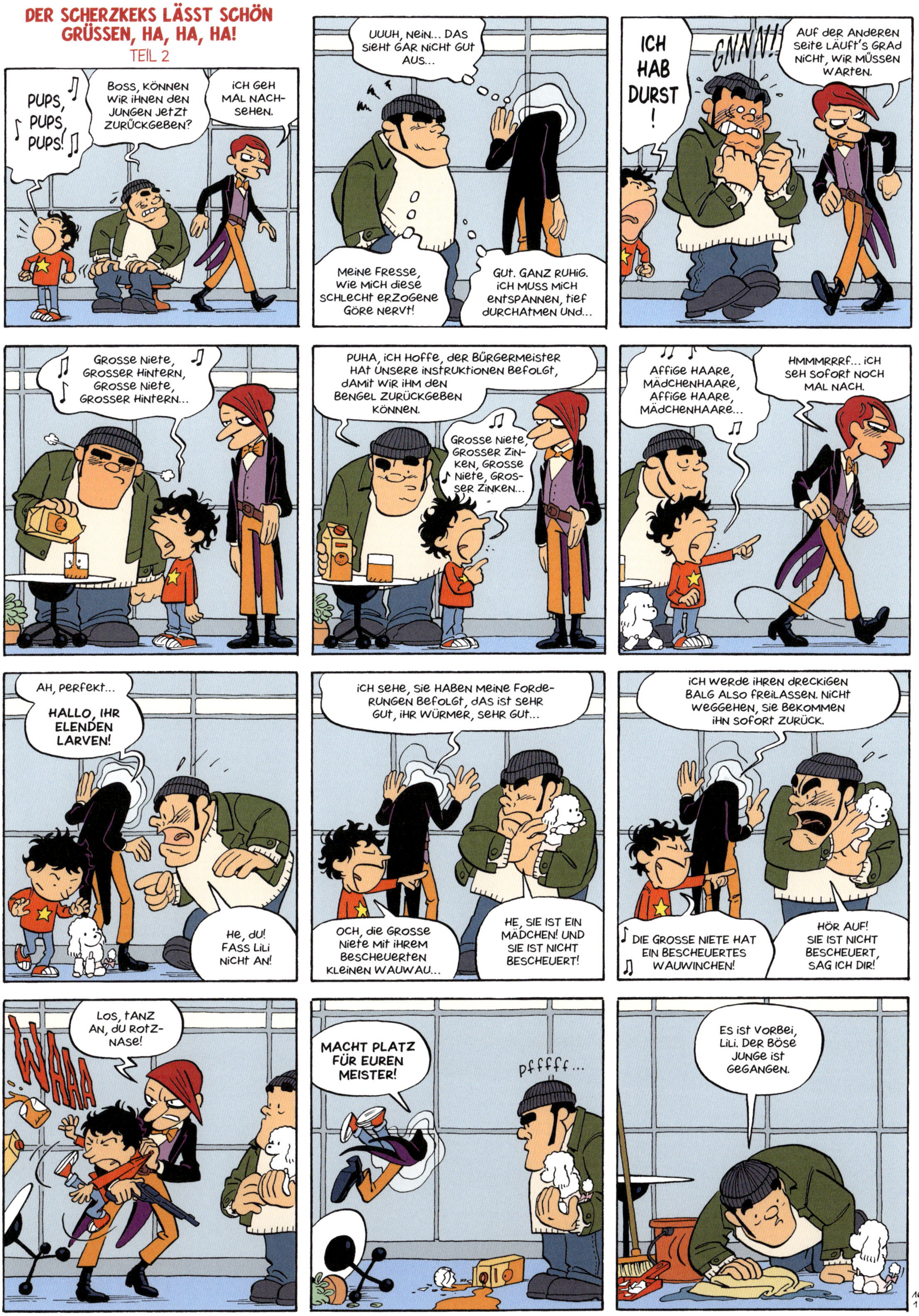

| | UUUH, NEIN... DAS SIEHT GAR NICHT GUT AUS... | UNSCHLAGBAR, ALLES OKAY? HMPF... JA... GLAUB SCHON. | AH, SIE SIND WACH GEWORDEN. KOMMEN SIE MIT. |
|---|---|---|---|
| | DA IHR FREUNDE VOM SCHERZKEKS SEID, HAT DER BÜRGERMEISTER MICH GENÖTIGT, EUCH GUT ZU BEHANDELN. ABER IRGENDWANN KRIEG ICH EUCH DRAN, IHR ELENDEN SCHUFTE! WAS? ABER NEIN! WIR... | SEHT HIN, DER BÜRGERMEISTER IST DABEI, DIE ANWEISUNGEN EURES CHEFS ZU BEFOLGEN, SEID IHR ZUFRIEDEN? | ... UND DESHALB WERDEN WIR UNS VON NUN AN JEDEN MORGEN VOR DIESEN RIESIGEN PORTRÄTS VON SEINER MAJESTÄT, DEM SCHERZKEKS, VERNEIGEN... Hä? ist das ein Scherz? Sonst noch was?! |
| ICH WERDE IHREN DRECKIGEN BALG ALSO FREILASSEN. NICHT WEGGEHEN, SIE BEKOMMEN IHN SOFORT ZURÜCK. HIIIII! DER SCHERZKEKS! | ICH SEHE, SIE HABEN MEINE FORDERUNGEN BEFOLGT, DAS IST SEHR GUT, IHR WÜRMER, SEHR GUT... | AH, PERFEKT... HALLO, IHR ELENDEN LARVEN! |
| ALSO DAS IST JETZT KOMISCH, ER HAT ALLES IN UMGEKEHRTER REIHENFOLGE GESAGT... | MACHT PLATZ FÜR EUREN MEISTER! | JETZT, WO SIE DEN BENGEL WIEDERHABEN, KOMMEN WIR ZUM NÄCHSTEN SCHRITT... UND SOBALD ER KOMPLETT DURCH DIE WAND IST, REDET ER NORMAL... HE! DAS IST ES, ICH HAB'S KAPIERT! |

iHR WOLLt DOCH NiCHt, DASS iCH erneut Meine KRäFte BENUtZE, UM SCHRECKLiCHE DiNGE ZU MACHEN, NiCHt WAHR? iN DEM FALL WERDEt iHR...
ÄH... WARtet, iCH MUSS NACH-denken...
Jetzt, wo er das Kind zurückge-bracht hat, können wir ihm doch eine verpassen, oder?
Es ist alles gut, Bruno... ich habe die Natur der Kraft vom Scherzkeks begriffen...
HRM... WAS KÖNNtE iCH JEtZt VER-LANGEN? MAL SEHEN, MAL SEHEN... EtWAS, DAS EUCH RiCHtiG ÄRGERt...
AH, iCH HAB'S!
ICH VERBIETE JEGLICHEN GENUSS VON KARTOFFELN IN GROSSSTADT! POMMES, KARTOFFELPÜ, CHIPS... VORBEI UND VERBOTEN!
DAS MACHT EUCH GANZ SCHÖN FERTIG, WAS? JEDER LIEBT KARTOFFELN, HA, HA, HA!
So, und jetzt verneigt euch vor eurem Meister.
Eure Majestät, der Scherzkeks... Dürfte ich es wagen, Sie um ein Exklusiv-interview zu bitten?
Kein Problem, du Wrack. Ich melde mich demnächst bei dir...
ICH WÜNSCHE EUCH ALLEN EINEN ÄUSSERST MIESEN TAG! HA, HA, HA!
DER SCHERZKEKS LÄSST SCHÖN GRÜSSEN!
OKAY. ist Notiert.
HÖRT MIR ALLE ZU: ICH HEISSE UN-SCHLAGBAR UND ICH WERDE DIESEN IRREN SCHERZKEKS FESTNEHMEN. IHR KÖNNT ALSO AUFHÖREN, EUCH WIE ANGSTHASEN ZU BENEHMEN!
HE, FRECHHEIT! WIR SIND KEINE ANGSTHASEN!
UND KARTOFFELN SIND GIFT!
SEINE MAJESTÄT, DER SCHERZKEKS, IST EIN GROSSER MANN!
JEPP! TOD DEN KARTOFFELN!
FEINDE SEINER MAJESTÄT SIND IN GROSSSTADT NICHT WILLKOMMEN!
JEPP! VER-SCHWINDET!
IHR MIESEN KARTOFFEL-FRESSER!
ÖH... HAUEN WIR AB, BEVOR ES UNGEMÜTLICH WIRD, UN-SCHLAGBAR...

40

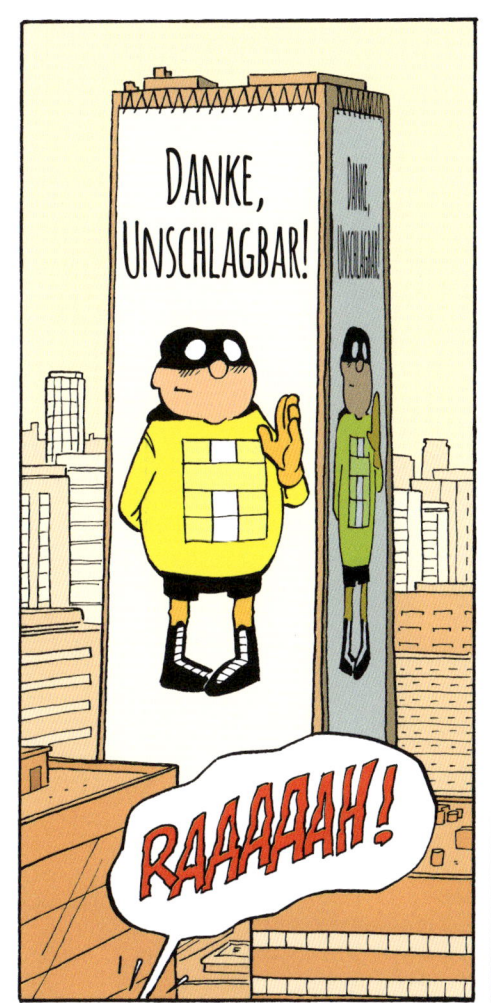

AAH!

RAAAAH!

CHKLING!

?!

DANKE, UNSCHLAGBAR!

RAAAAAH!

UNSCHLAGBAR, HAUPTKOMMISSAR BRUNO, WIR FREUEN UNS SEHR, SIE ZU EHRENBÜRGERN VON GROSSSTADT ZU ERNENNEN!

...BEGLÜCKWÜNSCHEN WIR AUCH DIE EINWOHNER VON GROSSSTADT, DIE GEGENÜBER DEM SCHERZKEKS TAPFER WIDERSTAND GELEISTET HABEN.

GANZ RECHT. ES WAR VON ANFANG AN OFFENSICHTLICH, DASS DER SCHERZKEKS VERRÜCKT WAR. UND DA JEDER IRRSINN DEM FEHLEN JEGLICHER INTELLIGENZ GLEICHKOMMT, KÖNNEN WIR ES BESTÄTIGEN: HEUTE HABEN WIR DIE DUMMHEIT MIT FÜSSEN...

MEINE FREUNDE, ICH HABE IHNEN ZU EHREN EIN GROSSES FEST GEPLANT. ES WIRD EIN FEUERWERK GEBEN, JEDE MENGE BONBONS, CLOWNS, PONYS...

DirectTV

YAAAY!

DAS IST SEHR NETT, HERR BÜRGERMEISTER, ABER ICH MUSS NACH HAUSE, ICH HABE WEITERE VERPFLICHTUNGEN...

ACH?

NA SICHER. DER GARTEN VON HERRN SCHWARZ.

AH.

HIER, NEHMEN SIE MEIN HANDY, ICH NEHME AN, WIR REISEN PER TELEFON.

?

ICH MACH DICH KALT, UNSCHLAGBAR!

JOUSSELIN
FARBEN: CROIX

41

... NICHT GANZ EIN DUTZEND... SIE MACHEN EIN SIT-IN AUF MEINEM ANWESEN...
DAS SIND IRGENDWELCHE PAZIFISTEN... JA, ZWEI MANNSCHAFTSWAGEN DÜRFTEN GENÜGEN, UM SIE ZU VERTREIBEN...
PESTICHEMIC ZERSTÖRT DEN PLANETEN!
Pestichemic = Umwelt-sünder
STOPP!
SCHÄM EUCH!
NA LOS, FREUNDE, ALLE ZUSAMMEN FÜR DIE GENERALDIREKTORIN...
♪ WIR HABEN NUR EINE EEER-DE! ♫
KEIN DRECKLOCH AUS IHR WEEER-DE! ♫
OH NEIN, GNADE, MAMA, NICHT DAS BÖSE LIED...
♫ WIR HABEN NUR EINE EEER-DE! ♪ ♫
ARGH, WAS FÜR EINE SCHANDE...
TUHDIS FERIEN
Ein Abenteuer von Unschlagbar
HALLO, UNSCHLAGBAR? HIER TWO-D-BOY.
HALLO TUHDI... WIE LÄUFT'S BEI DIR?
PFF... ICH HATTE IHNEN JA GESAGT, DASS MEINE MA MICH AUF EINE KLEINE MITTELMEERINSEL MITNIMMT... NA JA, TATSÄCHLICH WAR ES, WEIL DIE PRÄSIDENTIN VON PESTIDINGSBUMS HIER EIN HAUS HAT, SIE WISSEN SCHON, DIESE MEGA-UMWELTVERSCHMUTZER...
UND UM DIE GENERALDIREKTORIN DAVON ZU ÜBERZEUGEN, MIT IHREM CHEMIESCHEISS AUFZUHÖREN, SINGEN MEINE MA UND IHRE FREUNDE LIEDER IN IHREM GARTEN.
ALSO HAB ICH MEINEN ANZUG ANGELEGT UND SCHAUE, OB ES HIER NICHT IRGENDWELCHE SUPERHELDENSACHEN ZU ERLEDIGEN GIBT, ABER... PFFF, HIER IST ES VÖLLIG MENSCHENLEER.
?! HIIII! WAS ZUM...?!

**Panel 1:**
OH... NEEEIN...

**Panel 2:**
WAS?! WAS IST DENN...?

**Panel 3:**
ICH... UNBEABSICHTIGT HAB ICH EIN VOGELBABY WEGGESTUPST... UND JETZT IST ES SUPERGROSS...

**Panel 4:**
HOLLA, DAS MUSST DU SCHNELL WIEDER EINSAMMELN, BEVOR ES ALLES KAPUTT MACHT.

ABER DAS IST EIN BABY! ICH HAB ZU VIEL ANGST, ES ZU VERLETZEN! MIT MEINEN SUPERKRÄFTEN KÖNNTE ICH ES ZERQUETSCHEN BEI DEM VERSUCH, ES EINZUFANGEN... HAB ICH EINEN BAMMEL!

**Panel 5:**
♪ WIR HABEN NUR EINE EEER-DE! ♪

**Panel 6:**
♪ KEIN DRECKLOCH AUS IHR WEEER-DE! ♪

**Panel 7:**
HA, HA! AB IN DEN KNAST MIT DEN IDEALISTEN!

**Panel 8:**
PFFF... WAS FÜR CLOWNS... WAS HABEN SIE SICH ERHOFFT MIT IHREM GROTESKEN LIEDCHEN?

**Panel 9:**
WENN UNSERE »PESTICHEMIC«-PRODUKTE SCHÄDLICH WÄREN, HÄTTE DIE NATUR SICH GEÄRGERT UND HÄTTE KLEINE HÄSCHEN ODER KLEINE VÖGELCHEN GESCHICKT, UM MIR ZU SAGEN, DASS ICH AUFHÖREN SOLL! HA, HA, HA!

**Panel 10:**
TUHDI, DU MUSST DICH ECHT BEEILEN, DAS WIRD ÜBEL ENDEN!

ICH WEISS! ICH SUCHE NACH EINER IDEE, DEN VOGEL HERZUHOLEN, ICH SUCH JA!

43

Und Mist...
PARdon.
SO SORRY.
Und, TUHdi?!
Eine Minute NOCH! Meine idee Reift GERAde!
Hiiiiiii
SPLOTCH
BONK
Hiiiii
Nein...
Neeein...
GNAde...
iCH... iCH wusste, dASS unsere Produkte die NATUR empfindLicH stören... ABER iCH... ES WAR NICHt AUS Bosheit... ES GING NUR UM dAS Geld, verstehst du?
UM dAS Geld Und die MACHt... Je MEHR iCH HAtte, desto MEHR wollte iCH, es ist verrückt... Und dANN SAGte iCH MIR, wenn iCH es NicHt MACHe, würde es sowieso ein Anderer MACHEN...
JA, iCH weiss, dAS ist MiseRABEL... iCH Hätte AUFHÖREN MÜSSEN... ABER HAB Mitleid, **BITTE FRISS MICH NICHT!!**
SBOFF

NA KOMM, KLEINER…
JA, SO IST'S GUT, KLEINER GIERSCHLUND!
UUUND… YAAAY, GEWONNEN!
BRAVO, TUHDI!
AH, SIE SIND AUCH HIER?!
NICHT BEWE-GEN, ICH HAB'S GLEICH…
SO… DAS WAR'S!
JUCHHU! TWO-D-POWER!
ICH KOMM WIEDER…
GUTEN TAG…
ÄH… ICH… NUN JA, WEGEN ALL DER SCHÄDEN…
?!
HÄ?!
ACH, SCHON GUT! DAS IST DOCH NUR STAFFAGE!
KEIN PROBLEM.
HALLO, POLIZEIWACHE? JA, ICH BIN ES… HÖREN SIE, DIE NETTEN DEMONSTRANTEN MÜSSEN SOFORT FREIGELASSEN WERDEN, KLAR?!
»EINE UNGLAUBLICHE UMORIENTIERUNG: DANK DES EISERNEN WILLENS IHRER GESCHÄFTS-FÜHRERIN WIRD ›PESTICHEMIC‹ ZU ›BUSSIWEICH‹, EINEM HERSTELLER VON 100% RECYCELBAREN BABYWINDELN…«
AH JA, WUSSTE ICH SCHON, DENN SEIT DIESEM SOMMER…
… IST DIE GESCHÄFTS-FÜHRERIN GANZ DICKE MIT MEINER MUTTER.
WIR HABEN NUR EINE EEER-DE!
WIR DÜRFEN NICHT LÄNGER NUR ZUSEHEN!
JOUSSELIN – FARBEN: CROIX.

## UNSCHLAGBAR

DER EINZIG WAHRE SUPERHELD DES COMICS

in

### EINE REISE AUSSERHALB DER SAISON

— Eine schöne kalte Limonade, Bruno?
— Bei der Gluthitze sag ich nicht nein, Unschlagbar!

— Oh, Mist, ich hab keine Eiswürfel mehr!
— Ist nicht schlimm, ich...
— Ach was, ich hol Ihnen welche. Dauert nur eine Minute.

— Na bitte... das ist perfekt. Könnten Sie diesen Absatz bitte laut vorlesen, Bruno?

— Ah... okay...

Die Arktis befindet sich am Nordpol der Erde.

Ihr Zentrum ist ein riesiges Meer aus ewigem Eis.

— Brrr... ich hätte mir ein Jäckchen überwerfen sollen.

»Arktis« stammt von »arktos«, dem altgriechischen Wort für »Bär«.

Mmmffrrr...

Die Namensgebung nimmt Bezug auf das Sternbild des Großen Bären.

Lustiger Zufall: Polarbären gibt es nur in der Arktis, nicht in der Antarktis.

— Unschlagbar...?

— Unschlagbar? Huhuuu, ich bin fertig!

46

RAAAH! JA WAS ZUM...?!
AH... NUR EIN KLEINER ZWISCHENFALL. KEINE PANIK.
H...HALTEN SIE DURCH, ICH RUFE HILFE!
NEIN, NEIN! ICH BRINGE DAS TIER IN SEINE NATÜRLICHE UMGEBUNG ZURÜCK! NEHMEN SIE DAS BUCH UND LESEN SIE DEN ABSATZ NOCH MAL!
O.K. ... O.K. ...
SCHNELL!
DieArktisbefindetsichamNordpol-derErde.IhrZentrumisteinriesigesMeerausewigemEis.Arktisstammtvonarktos,demaltgriechischenWortfürBär.
DieNamensgebungnimmtBezugaufdasSternbilddesGroßenBären.LustigerZufall:PolarbärengibtesnurinderArktis,nichtinderAntarktis.
DAS WAR'S... UNSCHLAGBAR?
?!
LESEN SIE'S NOCH MAL, BRUNO! ABER LANGSAMER! VIEL LANGSAMER!
O.K. ... ÄH...
Die Aaaaarktis befindeeeeet sich...
... am Nooordpooool deeeer...
?
SO, UND CIAO, MEIN GR...!!
... Eeeeeerde. Ihr Zeeeeentruuum ist...
HRGNNNCHHHTK! DAS IST DAS SEITENENDE!

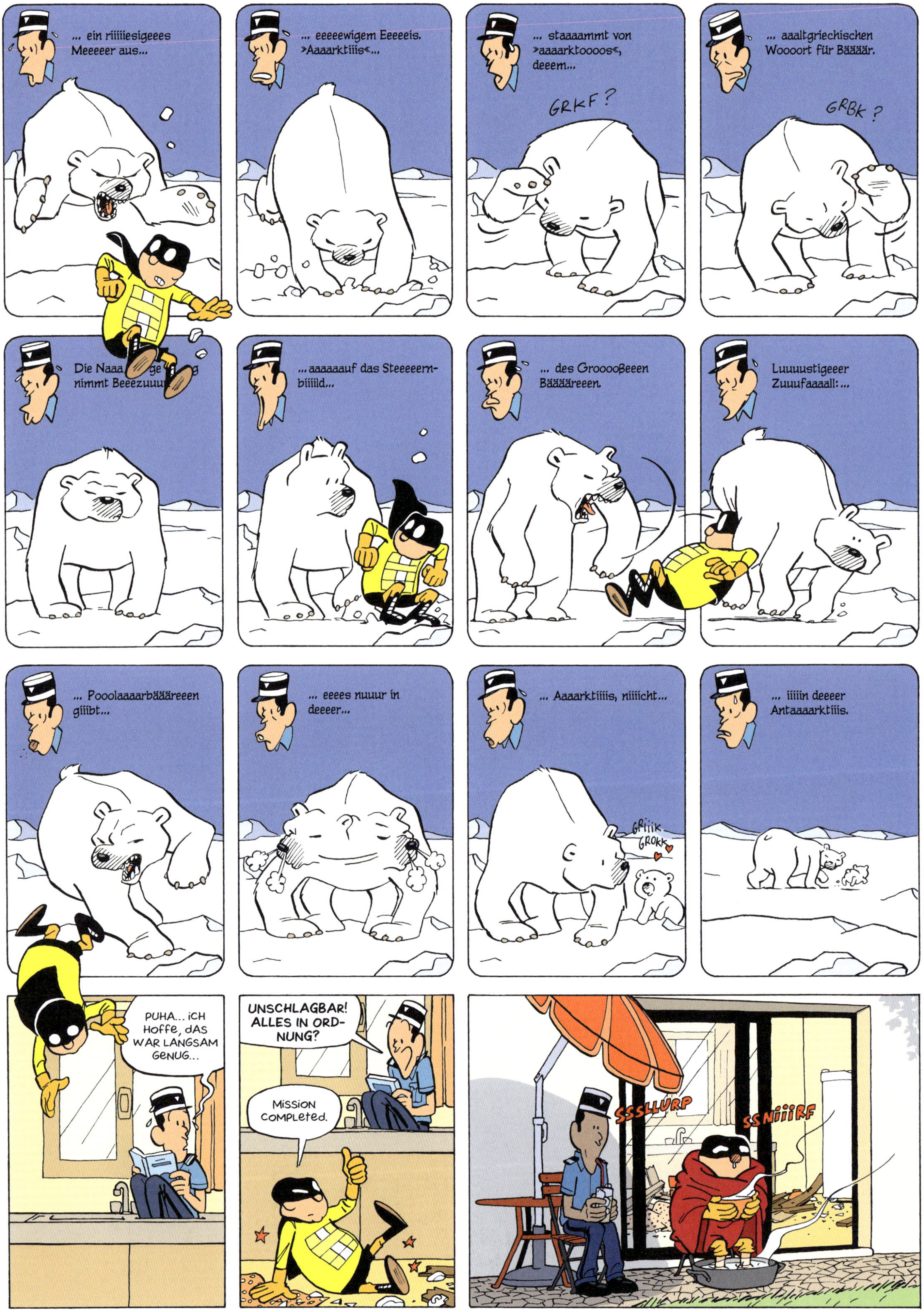


JOUSSELIN-
FARBEN: CROIX.

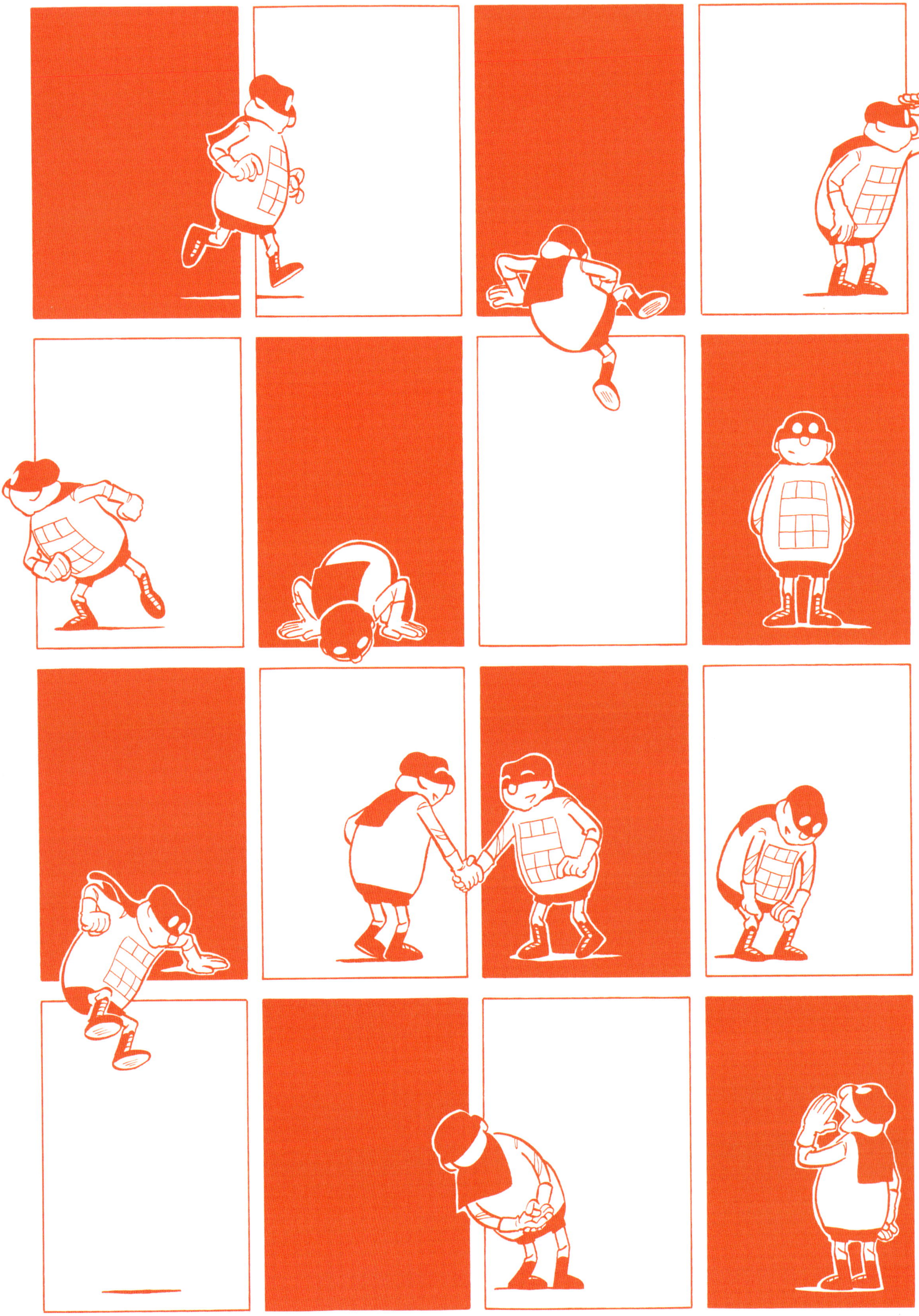